KB087988

동양북스 외국어 베스트 도서

700만 독자의 선택!

새로운 도서,
다양한 자료
동양북스
홈페이지에서
만나보세요!

www.dongyangbooks.com
m.dongyangbooks.com

※ 학습자료 및 MP3 제공 여부는 도서마다 상이하므로 확인 후 이용 바랍니다.

홈페이지 도서 자료실에서 학습자료 및 MP3 무료 다운로드

PC

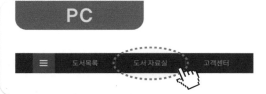

❶ 홈페이지 접속 후 도서 자료실 클릭
❷ 하단 검색 창에 검색어 입력
❸ MP3, 정답과 해설, 부가자료 등 첨부파일 다운로드
  * 원하는 자료가 없는 경우 '요청하기' 클릭!

MOBILE

* 반드시 '인터넷, Safari, Chrome' App을 이용하여 홈페이지에 접속해주세요. (네이버,
  다음 App 이용 시 첨부파일의 확장자명이 변경되어 저장되는 오류가 발생할 수 있습니다.)

❶ 홈페이지 접속 후 ≡ 터치

❷ 도서 자료실 터치

❸ 하단 검색창에 검색어 입력
❹ MP3, 정답과 해설, 부가자료 등 첨부파일 다운로드
  * 압축 해제 방법은 '다운로드 Tip' 참고

일본어뱅크

NEW

일본어 기초와 말하기를 한 번에

다이스키 일본어

上

문선희·나카야마 다쓰나리·정희순·박영숙 지음

동양북스

초판 11쇄 | 2024년 10월 5일

지은이 | 문선희, 나카야마 다쓰나리, 정희순, 박영숙
발행인 | 김태웅
책임 편집 | 길혜진, 이서인
디자인 | 남은혜, 김지혜
마케팅 총괄 | 김철영
온라인 마케팅 | 김은진
제　작 | 현대순

발행처 | ㈜동양북스
등　록 | 제 2014-000055호
주　소 | 서울시 마포구 동교로22길 14 (04030)
구입 문의 | 전화 (02)337-1737　팩스 (02)334-6624
내용 문의 | 전화 (02)337-1762　dybooks2@gmail.com

ISBN 979-11-5768-553-0 14730
　　　　979-11-5768-552-3 (세트)

ⓒ 2019, 문선희, 나카야마 다쓰나리, 정희순, 박영숙

▶ 본 책은 저작권법에 의해 보호를 받는 저작물이므로 무단 전재와 복제를 금합니다.
▶ 본 책은 『일본어뱅크 다이스키 上』의 개정판입니다.
▶ 잘못된 책은 구입처에서 교환해드립니다.
▶ ㈜동양북스에서는 소중한 원고, 새로운 기획을 기다리고 있습니다.
　 http://www.dongyangbooks.com

『NEW 다이스키 일본어』를 펴내면서 열정적으로 수업에 임했던 제 모습과 사랑하는 가족, 그리고 열정과 에너지의 원천이 되어 주는 학생들의 얼굴이 머릿속에 스쳐갑니다. 일본어를 가르치면서 느끼는 것은 일본어는 정말 매력 있는 언어라는 사실입니다. 외국어를 공부하는 것에 흥미를 갖고, 효과적인 방법을 통해 배운 내용을 꾸준히 연습한다면 실전에서 바로바로 꺼내 쓸 수 있는 유용한 언어가 될 것입니다.

이 교재는 실제 제가 일본어를 가르치는 현장에서 쌓은 경험을 바탕으로 학생들이 쉽게 이해하는 부분과 어려워하는 부분들을 자세히 분석하고 연구한 내용을 담고 있습니다. 그리고 기존의 '다이스키 시리즈'가 대학과, 학원 등에서 많은 사랑을 받았기에 『NEW 다이스키 일본어』를 통해 배운 내용을 바로 회화에서 활용할 수 있도록 본 교재와 워크북을 통해 말하기 부분을 추가하였습니다.

첫째, '독해·작문' 파트 중 '읽어 봅시다!' 부분은 원칙적으로 띄어쓰기가 없는 일본어 문장을 보고 자연스럽게 읽고 해석할 수 있는 능력을 향상시킬 수 있도록 하였습니다. '써 봅시다!' 부분에서는 수업 중 따라 하고 읽기는 하지만 직접 쓰는 것까지 체크하기에는 시간이 부족했던 점을 고려하여 각 과의 포인트 문장을 쓰고 말할 수 있도록 구성하였습니다.

둘째, '한자 연습' 파트 중 '한자 즐기기' 부분에서는 학생들이 가장 어려워하는 한자를 재미있게 활용하여 한자에 대한 부담을 줄이고, 기본이 되는 한자에 다른 한자를 붙여 학생들의 한자 지식을 넓힐 수 있도록 하였습니다.

셋째, '회화 플러스' 파트에서는 본문 이외의 응용할 수 있는 회화 표현들을 중심으로 다뤘으며, 주요 회화 내용과 최신 어휘를 추가하여 일본어를 자연스럽게 받아들일 수 있도록 하였습니다.

아무쪼록 이 책을 학습하는 여러분께 좋은 효과와 발전이 있기를 바라고 교재를 위해 많은 도움을 주신 동양북스 관계자분들을 비롯한 많은 분들께 감사 드립니다. 또한 꾸준히 다이스키 일본어 시리즈를 애용해 주시는 많은 분들께 감사의 말을 전하며 마지막으로 일본어를 통해 만나 열정을 갖게 해 준 우리 학생들에게 감사의 마음을 담아 이 교재를 바치고 싶습니다.

저자 일동

차례

차례

부록

* 이 책의 MP3 파일은 동양북스 홈페이지(www.dongyangbooks.com) 도서 자료실에 접속하면 다운로드할 수 있습니다.

이 책의 구성과 학습법

포인트 스피치

각 과의 주제와 관련된 내용을 스피치 형식으로 표현했습니다. 학습을 시작하기 전에 각 과의 학습 목표와 포인트 문법을 미리 살펴보고, 학습을 마친 후에는 일본어로 문장을 바꾸어 말해 보며 학습 성취도를 확인할 수 있습니다.

기본 회화

실생활에서 유용하게 쓰이는 문법과 주요 표현들을 단어 설명과 함께 실었습니다. 내용을 듣고 억양과 발음에 주의해서 반복 학습하면 좋은 효과를 얻을 수 있습니다.

문법 포인트

각 과에서 다루는 포인트 문법으로, 문법에 관한 예문들을 다양하게 실었습니다. 우리말 해설이 없으므로 아래의 [낱말과 표현]을 참고하면서 공부하세요.

패턴 연습

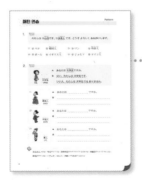

문법 포인트에서 다룬 내용을 응용해 보는 페이지입니다. 다양한 단어와 화제를 바탕으로 문형을 연습하도록 합시다.

독해·작문

원래 일본어는 띄어쓰기가 없습니다. 다른 페이지는 학습 편의상 띄어쓰기가 되어 있지만, '읽어 봅시다'에서는 띄어쓰기 없는 문장을 연습하여 실력을 높일 수 있도록 하였습니다. 작문은 각 과를 배우고 난 후 주요 문법을 최종적으로 점검하는 페이지입니다. 우리말을 보고 일본어 문장으로 바꿔 보세요.

한자 연습

한자를 단어 그대로 외우기보다는 한자 하나를 가지고 몇 개의 단어를 만들 수 있다는 것을 보여 주어 응용력을 높여 줍니다. 또, 중요 한자를 직접 써 볼 수 있게 하였습니다.

듣기 연습

너무 복잡하지 않으면서, 본문과 문법 포인트에서 다룬 내용을 중심으로 구성된 듣기 연습 문제입니다.

회화 플러스

본문에서 다룬 회화 표현 이외의 응용 회화로 기초 단계에서 회화의 자신감을 키워 줍니다.

쉬어가기

일본어를 공부하면서 알아 두면 좋을 일본의 정보들을 실었습니다. 한 과의 학습이 끝나고 가볍게 읽어 보면서 일본어와 더불어 일본이라는 나라에 대해서도 더 깊이 알 수 있습니다.

ひらがな

	あ行	か行	さ行	た行	な行
あ段	あ [a] あい	か [ka] かお	さ [sa] あさ	た [ta] たこ	な [na] なし
い段	い [i] いえ	き [ki] かき	し [si] いし	ち [chi] くち	に [ni] あに
う段	う [u] うえ	く [ku] きく	す [su] すし	つ [tsu] つくえ	ぬ [nu] いぬ
え段	え [e] え	け [ke] いけ	せ [se] せき	て [te] ちかてつ	ね [ne] ねこ
お段	お [o] おい	こ [ko] こ	そ [so] うそ	と [to] とし	の [no] きのこ

は行	ま行	や行	ら行	わ行	ん行
は [ha] はな	ま [ma] うま	や [ya] やま	ら [ra] そら	わ [wa] わたし	ん [n] きん
ひ [hi] ひと	み [mi] うみ		り [ri] りす		
ふ [hu] ふね	む [mu] むし	ゆ [yu] ゆき	る [ru] くるま		
へ [he] へそ	め [me] あめ		れ [re] れんこん		
ほ [ho] ほし	も [mo] もち	よ [yo] よやく	ろ [ro] いろ	を [o] 〜を	

11

カタカナ

	ア行	カ行	サ行	タ行	ナ行
ア段	ア [a] アイス	カ [ka] カメラ	サ [sa] サラダ	タ [ta] タオル	ナ [na] バナナ
イ段	イ [i] イヤリング	キ [ki] スキー	シ [si] シーソー	チ [chi] チキン	ニ [ni] テニス
ウ段	ウ [u] ソウル	ク [ku] クリスマス	ス [su] スカート	ツ [tsu] ツアー	ヌ [nu] カヌー
エ段	エ [e] エアコン	ケ [ke] ケーキ	セ [se] セーター	テ [te] テレビ	ネ [ne] ネクタイ
オ段	オ [o] オムレツ	コ [ko] コアラ	ソ [so] ソース	ト [to] トマト	ノ [no] ノート

ハ行	マ行	ヤ行	ラ行	ワ行	ン行
ハ [ha] ハーモニカ	マ [ma] マイク	ヤ [ya] ダイヤモンド	ラ [ra] ラジオ	ワ [wa] ワルツ	ン [n] ペン
ヒ [hi] コーヒー	ミ [mi] ミルク		リ [ri] リボン		
フ [hu] フラフープ	ム [mu] ホームラン	ユ [yu] ユニホーム	ル [ru] ルーム		
ヘ [he] ヘア	メ [me] メロン		レ [re] レモン		
ホ [ho] ホテル	モ [mo] モノレール	ヨ [yo] ヨガ	ロ [ro] ロープ	ヲ [o] 〜ヲ	

문자와 발음 上

히라가나란?

히라가나는 일본 헤이안 시대(9세기 경)에 궁정의 귀족 여성들이
한자를 바탕으로 만든 일본 글자입니다. 현대 일본어에서 인쇄,
필기 등 대부분의 경우에 사용되는 기본 문자입니다.

히라가나 청음

あ行 　일본어의 모음. 우리말 '아/이/우/에/오'에 가깝다.

あ	**い**	**う**	**え**	**お**
[a]	[i]	[u]	[e]	[o]
あい 	いえ 	うえ 	え 	おい
[ai]	[ie]	[ue]	[e]	[oi]
사랑	집	위	그림	조카

か行 　우리말 'ㄱ'과 'ㅋ'의 중간 발음에 가깝다. 낱말의 중간이나 뒤에 올 때는 약간 세게 발음하는 경향이 있다.

か	**き**	**く**	**け**	**こ**
[ka]	[ki]	[ku]	[ke]	[ko]
かお 	かき 	きく 	いけ 	こ
[kao]	[kaki]	[kiku]	[ike]	[ko]
얼굴	감	국화	연못	아이

우리말 'ㅅ'에 가까운 발음. す는 '수'와 '스'의 중간 발음이다.

さ	し	す	せ	そ
[sa]	[si]	[su]	[se]	[so]
あさ	いし	すし	せき	うそ
[asa]	[isi]	[susi]	[seki]	[uso]
아침	돌	초밥	자리	거짓말

た 行
우리말 'ㄷ'과 'ㅌ'의 중간 발음에 가깝다. ち와 つ와 같은 일본어 특유의 발음에 주의할 것.

た	ち	つ	て	と
[ta]	[chi]	[tsu]	[te]	[to]
たこ	くち	つくえ	ちかてつ	とし
[tako]	[kuchi]	[tsukue]	[chikatetsu]	[tosi]
문어	입	책상	지하철	나이

우리말 'ㄴ'에 가까운 발음.

な	に	ぬ	ね	の
[na]	[ni]	[nu]	[ne]	[no]
なし	あに	いぬ	ねこ	きのこ
[nasi]	[ani]	[inu]	[neko]	[kinoko]
배	형, 오빠	개	고양이	버섯

は行 우리말 'ㅎ'에 가까운 발음.

は	ひ	ふ	へ	ほ
[ha]	[hi]	[hu]	[he]	[ho]
はな	ひと	ふね	へそ	ほし
[hana]	[hito]	[hune]	[heso]	[hosi]
꽃	사람	배	배꼽	별

ま行　우리말 'ㅁ'에 가까운 발음.

ま [ma]	み [mi]	む [mu]	め [me]	も [mo]
うま [uma] 말	うみ [umi] 바다	むし [musi] 벌레	あめ [ame] 비	もち [mochi] 떡

や行　일본어의 반모음. 우리말 '야/유/요'에 가깝다.

や [ya]	ゆ [yu]	よ [yo]

やま [yama] 산	ゆき [yuki] 눈	よやく [yoyaku] 예약

ら 行 우리말 'ㄹ'에 가까운 발음.

ら [ra]	り [ri]	る [ru]	れ [re]	ろ [ro]

そら [sora] 하늘	りす [risu] 다람쥐	くるま [kuruma] 차	れんこん [reŋkon] 연근	いろ [iro] 색깔

わ 行 & ん 우리말 '와'에 가까운 발음. 〜を는 목적격 조사 '〜을(를)'로만 쓰인다. 'お'와 발음이 같다.

わ [wa]	を [o]	ん [n]
	〜を [o] 〜을(를)	
わたし [watasi] 나, 저		きん [kin] 금

히라가나 쓰기

あ行

a	あ あ			
i	い い			
u	う う			
e	え え			
o	お お			

か行

ka	か か			
ki	き き			
ku	く く			
ke	け け			
ko	こ こ			

さ行

sa	さ さ			
si	し し			
su	す す			
se	せ せ			
so	そ そ			

た行

ta	た た			
chi	ち ち			
tsu	つ つ			
te	て て			
to	と と			

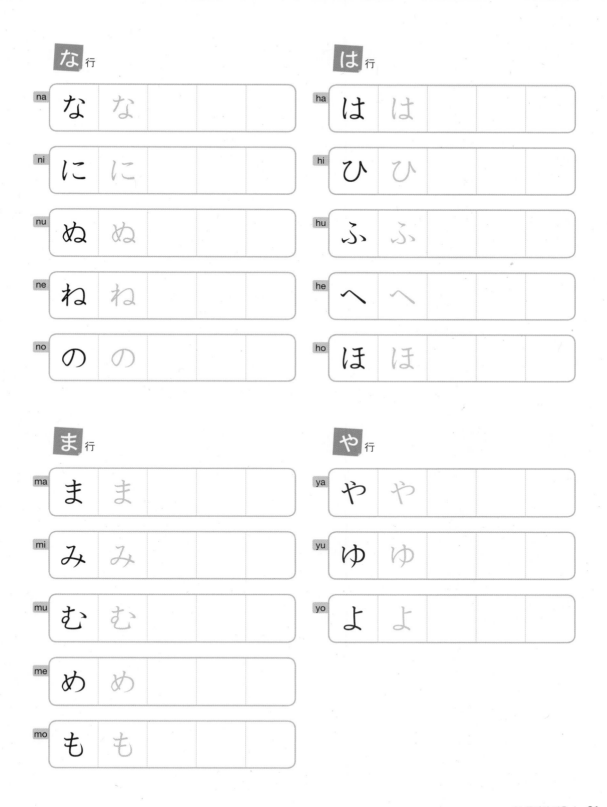

な行

na	な	な			
ni	に	に			
nu	ぬ	ぬ			
ne	ね	ね			
no	の	の			

は行

ha	は	は			
hi	ひ	ひ			
hu	ふ	ふ			
he	へ	へ			
ho	ほ	ほ			

ま行

ma	ま	ま			
mi	み	み			
mu	む	む			
me	め	め			
mo	も	も			

や行

ya	や	や			
yu	ゆ	ゆ			
yo	よ	よ			

히라가나 쓰기

ら行

ra	ら	ら							
ri	り	り							
ru	る	る							
re	れ	れ							
ro	ろ	ろ							

わ行 & ん

wa	わ	わ							
wo	を	を							
n	ん	ん							

회화 플러스

인사말 I

 Track 02

おはようございます。
아침 인사

こんにちは。
점심 인사

こんばんは。
저녁 인사

じゃあね。
헤어질 때 인사

ありがとうございます。
/ どういたしまして。
감사합니다. / 천만에요.

おやすみなさい。
안녕히 주무세요.

02

문자와 발음 下

가타카나란?

가타카나는 만들어진 시기가 정확하지 않으나 히라가나와 마찬가지로 헤이안 시대(9세기 경)라고 추정되고 있습니다. 가타카나는 주로 외래어나 의성어, 의태어, 전보문 또는 강조하는 경우에 사용됩니다.

히라가나 탁음

「か/さ/た/は」행 글자 오른쪽 상단에 탁점 [゛] 표기.

 行 우리말 'ㄱ'에 가까운 발음.

 Track 03

が [ga]	ぎ [gi]	ぐ [gu]	げ [ge]	ご [go]
かがみ [kagami] 거울	かぎ [kagi] 열쇠	かぐ [kagu] 가구	げた [geta] 나막신	まご [mago] 손자

 行 우리말 'ㅈ'에 가까운 발음.

ざ [za]	じ [zi]	ず [zu]	ぜ [ze]	ぞ [zo]
ひざ [hiza] 무릎	ひじ [hizi] 팔꿈치	ちず [chizu] 지도	かぜ [kaze] 바람	かぞく [kazoku] 가족

だ_行 우리말 'ㄷ'에 가까운 발음. ち와 つ는 탁점이 붙어서 [zi], [zu]가 된다.

だ	ぢ	づ	で	ど
[da]	[zi]	[zu]	[de]	[do]
だいこん	はなぢ	こづつみ	そで	まど
[daikon]	[hanazi]	[kozutsumi]	[sode]	[mado]
무	코피	소포	소매	창문

ば_行 우리말 'ㅂ'에 가까운 발음.

ば	び	ぶ	べ	ぼ
[ba]	[bi]	[bu]	[be]	[bo]
ばら	くび	ぶた	べんとう	つぼ
[bara]	[kubi]	[buta]	[bento:]	[tsubo]
장미	목	돼지	도시락	항아리

히라가나 반탁음

は행에 상단에 반탁음 부호 [゜] 표기.

ぱ 行　우리말 'ㅍ'에 가까운 발음.

 Track 04

ぱ	ぴ	ぷ	ぺ	ぽ
[pa]	[pi]	[pu]	[pe]	[po]
はっぱ	ぴかぴか	せんぷうき	ほっぺた	ちゃんぽん
[happa]	[pikapika]	[sempuːki]	[hoppeta]	[champon]
잎	반짝반짝	선풍기	뺨	짬뽕

※ はっぱ와 ほっぺた의 っ는 'ㅍ' 받침으로 발음하고, ちゃんぽん의 ゃ는 'ㅑ'로 발음한다.
（뒤의 요음, 촉음 참조）

요음

Track 05

▶ 요음은 い段(き·ぎ·し·じ·ち·に·ひ·び·ぴ·み·り) 뒤에 작게 ゃ·ゅ·ょ를 표기하여 한 음절로 발음하는 것을 말한다. 우리말의 'ㅑ, ㅠ, ㅛ'에 해당한다.

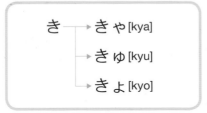

- おきゃく [okyaku] 손님
- きょり [kyori] 거리

- ぎゅうにゅう [gyu:nyu:] 우유
- ぎょうざ [gyo:za] 만두 (중국식)

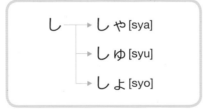

- かいしゃ [kaisya] 회사
- しょくじ [syokuzi] 식사

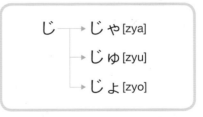

- かのじょ [kanozyo] 그녀, 여자 친구
- じゃり [zyari] 자갈

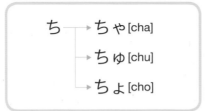

- おちゃ [ocha] 차(茶)
- ちょきん [chokin] 저금

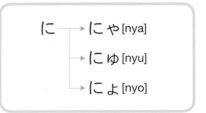

- こんにゃく [konnyaku] 곤약
- にゅうがく [nyu:gaku] 입학

- ひゃく [hyaku] 100
- ひょうしき [hyo:siki] 표지(판)

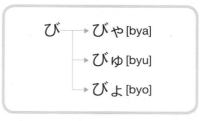

- びゅうびゅう [byu:byu:] 윙윙 (바람 소리)
- びょういん [byo:in] 병원

- みゃく [myaku] 맥
- びみょう [bimyo:] 미묘

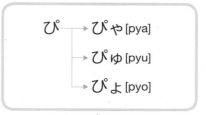

- ろっぴゃく [roppyaku] 600
- ぴょんぴょん [pyonpyon] 깡충깡충

り → りゃ [rya]
　→ りゅ [ryu]
　→ りょ [ryo]

- りゃくじ [ryakuzi] 약자
- りゅうがく [ryu:gaku] 유학
- りょこう [ryokou] 여행

발음 비교 연습

- きやく 기약 ⟷ きゃく 손님
- じゆう 자유 ⟷ じゅう 10
- ろっぱく (별 이름) 육백 ⟷ ろっぴゃく 600
- びよういん 미용실 ⟷ びょういん 병원

Track 06

▶ 청음 つ를 작게 써서 표기. → っ
뒷 발음의 자음이 앞 발음의 받침이 되고, 뒤에 오는 발음은 약간 세진다. 악센트는 앞에
온다.

❶ 'ㄱ' 받침 : か행 앞에서

いっき [ikki] 단숨에 마심, 원샷
こっか [kokka] 국가

❷ 'ㅅ' 받침 : さ행 앞에서

ざっし [zassi] 잡지
いっさい [issai] 한 살

❸ 'ㅌ' 받침 : た행 앞에서

いったい [ittai] 도대체
きって [kitte] 우표

❹ 'ㅍ' 받침 : ぱ행 앞에서

きっぷ [kippu] 표
いっぱい [ippai] 한잔

ん발음

▶ 우리말의 'ㄴ/ㅁ/ㅇ' 받침과 같은 역할을 한다. 단, 뒤에 오는 음에 따라 발음이 조금씩 달라진다.

❶ [m] 발음 : ん 뒤에 ま/ば/ぱ행이 올 때 → ㅁ

さんぽ [sampo] 산책

しんぴ [simpi] 신비

あんま [amma] 안마

うんめい [ummei] 운명

❷ [n] 발음 : ん 뒤에 さ/ざ/た/だ/な/ら행이 올 때 → ㄴ

あんない [annai] 안내

はんたい [hantai] 반대

けんり [kenri] 권리

おんち [onchi] 음치

❸ [ŋ] 발음 : ん 뒤에 か/が행이 올 때 → ㅇ

かんこく [kaŋkoku] 한국

りんご [riŋgo] 사과

おんがく [oŋgaku] 음악

げんき [geŋki] 건강함

❹ [N] 발음 : ん 뒤에 あ/は/や/わ행이 올 때나 문장 맨 끝에 올 때

→ n + ŋ의 중간 발음

ほん [hoN] 책

にほん [nihoN] 일본

でんわ [deNwa] 전화

장음

 Track 08

▶ 같은 모음을 두 박으로 길게 늘여 발음한다. 가타카나 장음은 ー으로 표기.

❶ a단 + a → [a:]

    おばあさん [oba:san] 할머니   おかあさん [oka:san] 어머니

❷ i단 + i → [i:]

    おじいさん [ozi:san] 할아버지   おにいさん [oni:san] 형, 오빠

❸ u단 + u → [u:]

    ゆうき [yu:ki] 용기   くうき [ku:ki] 공기

❹ e단 + e → [e:]

    e단 + i → [e:]

    おねえさん [one:san] 언니, 누나   せんせい [sense:] 선생님
    えいが [e:ga] 영화

❺ o단 + o → [o:]

    o단 + u → [o:]

    おおい [o:i] 많다   とおい [to:i] 멀다
    おとうさん [oto:san] 아버지   おはよう [ohayo:] 안녕(아침 인사)

발음 비교 연습

- おばさん 아주머니(고모, 이모) ⟷ おばあさん 할머니
- おじさん 아저씨(삼촌) ⟷ おじいさん 할아버지
- ゆき 눈(雪) ⟷ ゆうき 용기
- めし 밥 ⟷ めいし 명함
- おい 조카 ⟷ おおい 많다

가타카나 청음

 Track 09

ア 行

ア	イ	ウ	エ	オ
[a]	[i]	[u]	[e]	[o]

アイス	イヤリング	ソウル	エアコン	オムレツ
[aisu]	[iyariŋgu]	[souru]	[eakon]	[omuretsu]
아이스	귀고리	서울	에어컨	오믈렛

カ 行

カ	キ	ク	ケ	コ
[ka]	[ki]	[ku]	[ke]	[ko]
カメラ	スキー	クリスマス	ケーキ	コアラ
[kamera]	[suki:]	[kurisumasu]	[ke:ki]	[koara]
카메라	스키	크리스마스	케이크	코알라

サ	シ	ス	セ	ソ
[sa]	[si]	[su]	[se]	[so]
サラダ	シーソー	スカート	セーター	ソース
[sarada]	[si:so:]	[suka:to]	[se:ta:]	[so:su]
샐러드	시소	스커트	스웨터	소스

タ	チ	ツ	テ	ト
[ta]	[chi]	[tsu]	[te]	[to]
タオル	チキン	ツアー	テレビ	トマト
[taoru]	[chikin]	[tsua:]	[terebi]	[tomato]
타월	치킨	투어	텔레비전	토마토

ナ [na]	ニ [ni]	ヌ [nu]	ネ [ne]	ノ [no]
バナナ [banana] 바나나	テニス [tenisu] 테니스	カヌー [kanu:] 카누	ネクタイ [nektai] 넥타이	ノート [no:to] 노트

※ ネクタイ는 발음 편의상 '네쿠타이'로 읽기보다는 '넥-타이'로 발음한다.

ハ 行

ハ [ha]	ヒ [hi]	フ [hu]	ヘ [he]	ホ [ho]
ハーモニカ [ha:monika] 하모니카	コーヒー [ko:hi:] 커피	フラフープ [hurahu:pu] 훌라후프	ヘア [hea] 헤어	ホテル [hoteru] 호텔

マ	ミ	ム	メ	モ
[ma]	[mi]	[mu]	[me]	[mo]
マイク	ミルク	ホームラン	メロン	モノレール
[maiku]	[miruku]	[ho:muran]	[meron]	[monore:ru]
마이크	밀크	홈런	멜론	모노레일

ヤ	ユ	ヨ
[ya]	[yu]	[yo]
ダイヤモンド	ユニホーム	ヨガ
[daiyamondo]	[yuniho:mu]	[yoga]
다이아몬드	유니폼	요가

ラ行

ラ	リ	ル	レ	ロ
[ra]	[ri]	[ru]	[re]	[ro]

ラジオ	リボン	ルーム	レモン	ロープ
[razio]	[ribon]	[ru:mu]	[remon]	[ro:pu]
라디오	리본	룸	레몬	로프

ワ行 & ン

ワ	ヲ	ン
[wa]	[o]	[n]
	～ヲ [o] ～을(를)	
ワルツ		ペン
[warutsu]		[pen]
왈츠		펜

가타카나 쓰기

ア 行

a	ア	ア			
i	イ	イ			
u	ウ	ウ			
e	エ	エ			
o	オ	オ			

カ 行

ka	カ	カ			
ki	キ	キ			
ku	ク	ク			
ke	ケ	ケ			
ko	コ	コ			

サ 行

sa	サ	サ			
si	シ	シ			
su	ス	ス			
se	セ	セ			
so	ソ	ソ			

タ 行

ta	タ	タ			
chi	チ	チ			
tsu	ツ	ツ			
te	テ	テ			
to	ト	ト			

ナ行

na	ナ	ナ			
ni	ニ	ニ			
nu	ヌ	ヌ			
ne	ネ	ネ			
no	ノ	ノ			

ハ行

ha	ハ	ハ			
hi	ヒ	ヒ			
hu	フ	フ			
he	ヘ	ヘ			
ho	ホ	ホ			

マ行

ma	マ	マ			
mi	ミ	ミ			
mu	ム	ム			
me	メ	メ			
mo	モ	モ			

ヤ行

ya	ヤ	ヤ			
yu	ユ	ユ			
yo	ヨ	ヨ			

가타카나 쓰기

ラ 行

ra	ラ	ラ						
ri	リ	リ						
ru	ル	ル						
re	レ	レ						
ro	ロ	ロ						

ワ 行 & **ン**

wa	ワ	ワ						
wo	ヲ	ヲ						
n	ン	ン						

회화 플러스

인사말 Ⅱ

いただきます。
잘 먹겠습니다.

ごちそうさまでした。
잘 먹었습니다.

すみません。
실례합니다.

すみません。
죄송합니다.

行ってきます。
/ 行っていらっしゃい。
다녀오겠습니다. / 다녀오세요.

ただいま。 / おかえり(なさい)。
다녀왔습니다. /
잘 다녀왔니(잘 다녀오셨어요)?

03 はじめまして。

처음 뵙겠습니다.

처음 뵙겠습니다. 저는 기무라입니다.

저는 일본인이고 회사원입니다. 잘 부탁합니다.

이쪽은 다나카 씨입니다.

다나카 씨는 학생이 아닙니다. 의사입니다.

はじめまして。わたしは 木村です。

わたしは 日本人で、会社員です。どうぞ よろしく おねがいします。

こちらは 田中さんです。

田中さんは 学生では ありません。医者です。

Track 12

木村 _{きむら}	はじめまして。わたしは 木村_{きむら}と 申_{もう}します。
キム	はじめまして。わたしは キム・スアです。
	どうぞ よろしく おねがいします。
木村	こちらこそ どうぞ よろしく。
キム	木村さんは 学生_{がくせい}ですか。
木村	いいえ、わたしは 学生では ありません。会社員_{かいしゃいん}です。

はじめまして 처음 뵙겠습니다 | わたし 저, 나 | 木村きむら 기무라 (성씨) |

～と 申もうします ~라고 합니다 | どうぞ よろしく おねがいします 잘 부탁합니다 |

こちらこそ 저야말로 | ～さん ~씨 | 学生がくせい 학생 | いいえ 아니요 | 会社員かいしゃいん 회사원

문법 포인트

1 인칭대명사

1인칭	わたし(私) 나, 저 / わたくし 저
2인칭	あなた 당신 / きみ(君) 너, 자네
3인칭	かれ 그, 그 남자 / かのじょ 그녀, 그 여자
부정칭	だれ 누구

2 ～は ～です　～은(는) ～입니다

わたしは 会社員です。

山田さんは 医者です。

キムさんは 韓国人です。

3 ～は ～ですか　～은(는) ～입니까?

キムさんは 学生ですか。

先生は 日本人ですか。

あなたは 中国人ですか。

4 ～さん ～씨

キムさんは 銀行員（ぎんこういん）です。

木村（きむら）さんは 主婦（しゅふ）です。

5 はい / いいえ　네 / 아니요

あなたは 学生（がくせい）ですか。

→ はい、わたしは 学生です。

→ いいえ、わたしは 学生では ありません。医者（いしゃ）です。

6 ～では ありません（=じゃ ありません）　～이(가) 아닙니다

先生（せんせい）は 日本人（にほんじん）では ありません。

わたしは 軍人（ぐんじん）では ありません。

> **Tip** 「では」는 줄여서 「じゃ」라고도 말합니다.

会社員かいしゃいん 회사원 | 医者いしゃ 의사 | 韓国人かんこくじん 한국인 | 学生がくせい 학생 |

先生せんせい 선생님 | 日本人にほんじん 일본인 | 中国人ちゅうごくじん 중국인 |

銀行員ぎんこういん 은행원 | 主婦しゅふ 주부 | 軍人ぐんじん 군인

패턴 연습

1. 보기

> わたしは ⓐ<ruby>山田<rt>やま だ</rt></ruby>です。 ⓑ<ruby>日本人<rt>に ほんじん</rt></ruby>です。 どうぞ よろしく おねがいします。

1) ⓐ キム　　ⓑ <ruby>韓国人<rt>かんこくじん</rt></ruby>　　2) ⓐ ワン　　ⓑ <ruby>中国人<rt>ちゅうごくじん</rt></ruby>

3) ⓐ ポール　ⓑ イギリス<ruby>人<rt>じん</rt></ruby>　　4) ⓐ クリス　　ⓑ ドイツ<ruby>人<rt>じん</rt></ruby>

2. 보기

> **A** あなたは <u>大学生</u>ですか。
>
> **B** <u>はい、わたしは 大学生です。</u>
>
> <u>いいえ、わたしは 大学生では ありません。</u>

<ruby>大学生<rt>だい がく せい</rt></ruby>

1)

<ruby>韓国人<rt></rt></ruby>

A あなたは ＿＿＿＿＿＿＿ですか。

B ＿＿＿＿＿＿＿＿＿＿＿＿。

＿＿＿＿＿＿＿＿＿＿＿＿。

2) 中国人

A あなたは ＿＿＿＿＿＿＿ですか。

B ＿＿＿＿＿＿＿＿＿＿＿＿。

＿＿＿＿＿＿＿＿＿＿＿＿。

3) <ruby>軍人<rt>ぐん じん</rt></ruby>

A あなたは ＿＿＿＿＿＿＿ですか。

B ＿＿＿＿＿＿＿＿＿＿＿＿。

＿＿＿＿＿＿＿＿＿＿＿＿。

山田やまだ 야마다 (성씨) | ワン 왕 (중국의 성씨) | ポール 폴 (사람 이름) | イギリス人じん 영국인 |

クリス 크리스 (사람 이름) | ドイツ人じん 독일인 | 大学生だいがくせい 대학생

독해·작문

읽어 봅시다!

 Track 13

はじめまして。私(わたし)はキム・スアと申(もう)します。

私(わたし)は韓国人(かんこくじん)で、大学生(だいがくせい)です。

こちらは田中(たなか)さんです。田中さんは日本人(にほんじん)です。

田中さんは大学生ではありません。会社員(かいしゃいん)です。

こちらはワンさんです。ワンさんは中国人(ちゅうごくじん)で、軍人(ぐんじん)です。

~と 申(もう)します ~라고 합니다 | [명사] + で ~이고 | こちら 이쪽, 이분 | 田中たなか 다나카 (성씨) |

日本人にほんじん 일본인 | ~では ありません ~이(가) 아닙니다 | 会社員かいしゃいん 회사원 |

軍人ぐんじん 군인

일본어로 써 봅시다!

1. 처음 뵙겠습니다. 저는 기무라입니다.

_____

2. 잘 부탁합니다.

_____

3. 아니요, 저는 의사가 아닙니다. 학생입니다.

_____

정답 1. はじめまして。私(わたし)は 木村(きむら)です。
2. どうぞ よろしく お願(ねが)いします。
3. いいえ、私は 医者(いしゃ)では ありません。学生(がくせい)です。

한자 연습

한자 즐기기

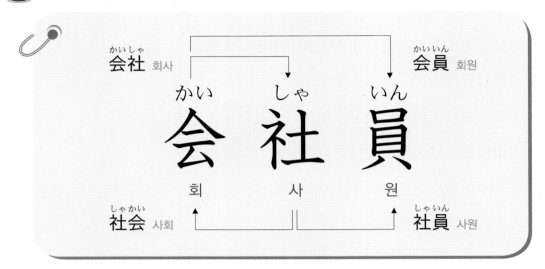

써 봅시다!

がくせい 学生 학생	学生			
せんせい 先生 선생(님)	先生			
いしゃ 医者 의사	医者			
かんこくじん 韓国人 한국인	韓国人			
にほんじん 日本人 일본인	日本人			
ちゅうごくじん 中国人 중국인	中国人			

A. 내용을 잘 듣고 칸을 채워 보세요. Track 14

軍人   会社員   日本人   先生

1) はじめまして。わたしは キムです。

   わたしは 　　　　　　 で、　　　　　　 です。

   どうぞ よろしく おねがいします。

2) 山田さんは 　　　　　　 ですか。

   いいえ、わたしは 　　　　　　 では ありません。　　　　　　 です。

3) あなたは 　　　　　　 ですか。

   はい、わたしは 　　　　　　 です。

4) こちらは イさんです。

   イさんは 　　　　　　 では ありません。　　　　　　 です。

B. 내용을 듣고 그림과 일치하면 ○, 일치하지 않으면 ×를 넣으세요. Track 15

1)	2)	3)	4)

      イギリス人   

韓国人   中国人   イギリス人   フランス人

(   )   (   )   (   )   (   )

회화 플러스

교실에서 자주 쓰는 일본어 표현

おつかれさまでした。 수고하셨습니다.

また あした。 내일 만나요.

よんで ください。 읽어 주세요.

よく きいて ください。 잘 들어 주세요.

たって ください。 서 주세요.

すわって ください。 앉아 주세요.

はなして ください。 이야기해 주세요.

こたえて ください。 대답해 주세요.

せんせい
先生
선생님

ありがとうございました。
고맙습니다. / 고마웠습니다.

はい、わかります。 네, 알겠습니다.

いいえ、わかりません。 아니요, 모르겠습니다.

おしえて ください。 가르쳐 주세요.

もう いちど いって ください。
다시 한번 말해 주세요.

しつもんが あります。 질문이 있습니다.

〜は にほんごで なんですか。
〜은(는) 일본어로 무엇입니까?

がくせい
学生
학생

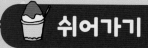

● 일본의 지리와 행정 구역

　일본의 면적은 37만 7,972㎢로 남한 면적의 3.7배, 한반도 면적의 1.7배입니다. 인구는 약 1억 2천 5백만 명이며, 4개의 큰 섬과 6,852개의 작은 섬으로 이루어져 있습니다. 4개의 큰 섬은 홋카이도(北海道), 혼슈(本州), 시코쿠(四国), 규슈(九州)이며, 이 4개의 섬은 47개의 행정 구역으로 나누어져 있습니다. 보통 1도(都), 1도(道), 2부(府), 43현(県)이라고 하는데, 이는 도쿄도(東京都), 홋카이도(北海道), 교토부(京都府)와 오사카부(大阪府) 그리고 나머지 43개의 현을 지칭합니다. 이 중 가장 많은 인구가 도쿄도에 살고 있으며, 수도권인 가나가와현(神奈川県)이 2위, 오사카부가 그 다음으로 인구가 가장 많습니다.

　4개의 섬으로 이루어져 있다 보니 각 섬마다 다양한 모습을 지니고 있습니다. 이제 일본어를 배우기 시작한 여러분은 어느 지역에 가장 가 보고 싶나요? 앞으로 일본어를 차근차근 배워 나가면서 여행하고 싶은 곳도 생각해 보세요. 일본어에 자신감을 가지고 일본의 다양한 매력을 느껴 보길 바랍니다.

04 これは 何<ruby>なん</ruby>ですか。

이것은 무엇입니까?

" 이것은 디지털카메라입니다. 이것은 제 것입니다.

이것은 일본 물건이고, 저것도 일본 것입니다.

그것은 일본 것이 아닙니다. 한국 것입니다.

ㆍㆍㆍㆍㆍㆍㆍㆍㆍㆍㆍㆍㆍㆍㆍㆍㆍㆍㆍㆍㆍㆍㆍㆍㆍㆍ

これは デジカメです。これは 私<ruby>わたし</ruby>のです。

これは 日本<ruby>にほん</ruby>の もので、あれも 日本のです。

それは 日本のでは ありません。韓国<ruby>かんこく</ruby>のです。"

🎵 Track 18

木村（きむら）	キムさん、これは 何（なん）ですか。
キム	それは デジカメです。
木村	これは 誰（だれ）の デジカメですか。
キム	それは イさんのです。
木村	あれも イさんのですか。
キム	いいえ、あれは イさんのでは ありません。私（わたし）のです。
木村	ところで、あの 人（ひと）は 誰ですか。
キム	あの 人は パクさんです。パクさんは 私の 友達（ともだち）です。

これ・それ・あれ・どれ 이것·그것·저것·어느 것 | 何なんですか 무엇입니까? |
デジカメ 디카, 디지털카메라 (デジタルカメラ(digital camera)의 약자) | 誰だれ 누구 | ～の ～의, ～의 것 |
～も ～도 | ところで 그런데 (화제 전환) | あの 저 | 人ひと 사람 | 友達ともだち 친구

문법 포인트

1 **지시대명사**

	근칭	중칭	원칭	부정칭
사물	これ 이것	それ 그것	あれ 저것	どれ 어느 것
연체사	この 이	その 그	あの 저	どの 어느

2 **これは 何ですか** 이것은 무엇입니까?

これは 何ですか。 → それは 新聞です。

あれは 何ですか。 → あれは 辞書です。

3 **명사 ＋ の ＋ 명사** ~의~

山田さんは 日本語の 先生です。

これは 韓国語の 本です。

それは 私の 眼鏡です。

> **Tip**
> 문장에 따라 「の」를 '~의'로 해석하기도 하고,
> 해석을 하지 않을 때도 있습니다.
>
> 예 日本語の 先生 일본어 선생(님)
> 예 私の 眼鏡 나의 안경

u 〜の　〜(의) 것

この 傘（かさ）は 誰（だれ）の ですか。

→ 私（わたし）の です。

あの 靴（くつ）は あなたの ですか。

→ いいえ、私の では ありません。

5 〜も　〜도

私も 会社員（かいしゃいん）です。

山田（やまだ）さんも 学生（がくせい）ですか。

あの 時計（とけい）も キムさんの ですか。

新聞（しんぶん）신문 | 辞書（じしょ）사전 | 日本語（にほんご）일본어 | 先生（せんせい）선생, 선생님 |

韓国語（かんこくご）한국어 | 本（ほん）책 | 眼鏡（めがね）안경 | 傘（かさ）우산 | 誰（だれ）누구 | 靴（くつ）신발, 구두 |

会社員（かいしゃいん）회사원 | 学生（がくせい）학생 | 時計（とけい）시계

패턴 연습

1.

보기

パクさん・これ

A　<u>パクさん</u>のは どれですか。

B　<u>パクさん</u>のは <u>これ</u>です。

1) 先生（せんせい）・それ

A　＿＿＿＿＿＿＿＿＿＿のは どれですか。

B　＿＿＿＿＿＿＿＿＿＿＿＿＿＿＿＿＿。

2) イさん・あれ

A　＿＿＿＿＿＿＿＿＿＿のは どれですか。

B　＿＿＿＿＿＿＿＿＿＿＿＿＿＿＿＿＿。

3) 青木（あおき）さん・これ

A　＿＿＿＿＿＿＿＿＿＿のは どれですか。

B　＿＿＿＿＿＿＿＿＿＿＿＿＿＿＿＿＿。

2.

보기

A　これは 何（なん）ですか。 「５」

B　それは <u>電話（でんわ）</u>です。

「１」　「２」　「３」　「４」　「５」

1) それは 何ですか。「４」　→　これは ＿＿＿＿＿＿＿です。

2) これは 何ですか。「２」　→　それは ＿＿＿＿＿＿＿です。

3) あれは 何ですか。「１」　→　あれは ＿＿＿＿＿＿＿です。

4) それは 何ですか。「３」　→　これは ＿＿＿＿＿＿＿です。

椅子いす 의자 | 傘かさ 우산 | 新聞しんぶん 신문 | 机つくえ 책상 | 電話でんわ 전화

읽어 봅시다!

 Track 19

> キムさんと田中^{た なか}さんは日本語^{に ほん ご}の先生^{せんせい}です。
>
> 二人^{ふたり}は友達^{ともだち}です。
>
> この日本語の本^{ほん}はキムさんので、
>
> あの日本語の辞書^{じ しょ}は田中さんのです。
>
> あの雑誌^{ざっ し}も田中さんのです。

~と ~와(과) | 日本語にほんごの 先生せんせい 일본어 선생(님) | 二人ふたり 두 명, 두 사람 |

友達ともだち 친구 | この 이 | ~の ~의 것 | ~で ~이고 | あの 저 | 辞書じしょ 사전 |

雑誌ざっし 잡지 | ~も ~도, ~역시

일본어로 써 봅시다!

1. 이것은 무엇입니까?

_____

2. 그것은 제 것이 아닙니다. 선생님 것입니다.

_____

3. 저것은 누구의 우산입니까?

_____

정답 1. これは 何(なん)ですか。

2. それは 私(わたし)のでは ありません。先生(せんせい)のです。

3. あれは だれの 傘(かさ)ですか。

한자 연습

한자 즐기기

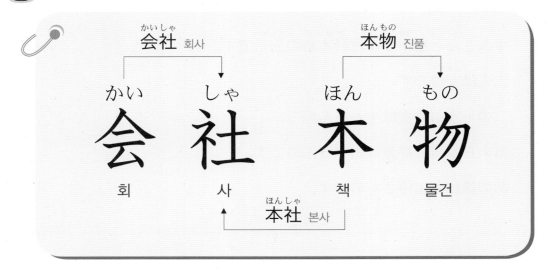

써 봅시다!

しんぶん **新聞** 신문	新聞			
とけい **時計** 시계	時計			
じしょ **辞書** 사전	辞書			
ざっし **雑誌** 잡지	雑誌			
かんこくご **韓国語** 한국어	韓国語			
ともだち **友達** 친구	友達			

듣기 연습

A. 두 사람의 대화를 듣고 누구의 것인지 답을 써 보세요.

Track 20

1) _____ です。

2) _____ です。

3) _____ です。

4) _____ です。

B. 내용을 듣고 그림과 일치하면 ○, 일치하지 않으면 ×를 넣으세요.

Track 21

1) (　　　　)　　2) (　　　　)　　3) (　　　　)　　4) (　　　　)

회화 플러스

 Track 22

1. 이름

→ **お名前は 何ですか。**

이름이(은) 무엇입니까?

예 お名前は 何ですか。 이름이(은) 무엇입니까?

→ ① 木村と 申します。 기무라라고 합니다.

② 木村です。 기무라입니다.

2. 직업

→ **お仕事は 何ですか。**

직업이(은) 무엇입니까?

예 お仕事は 何ですか。 직업이(은) 무엇입니까?

→ 会社員です。 회사원입니다.

| 아래 낱말을 써서 밑줄 친 부분과 바꿔서 말해 보세요. |

学生 がくせい 학생 | 教師 きょうし 교사 | 銀行員 ぎんこういん 은행원 | 主婦 しゅふ 주부 | 医者 いしゃ 의사 |

歌手 かしゅ 가수 | 軍人 ぐんじん 군인 | デザイナー 디자이너(designer) | モデル 모델(model)

● 일본의 연호(年号)

　일본에서는 일반적으로 서기보다는 연호를 사용합니다. 최근에는 서기를 사용하는 경향도 있지만, 아직까지 은행이나 공공기관 등에서는 연호를 사용하기 때문에 일본어를 공부하는 학생이라면 연호에 대한 이해가 필요합니다.

　일본에 '一世一元'이라는 제도가 있는데, 이는 '천황 한 명에 하나의 연호'라는 뜻으로, 천황이 바뀌면 연호도 바뀐다는 의미입니다.

시대	연호	원년
메이지(明治) 시대	明治	1868년 (9월 8일)
다이쇼(大正) 시대	大正	1912년 (7월 30일)
쇼와(昭和) 시대	昭和	1926년 (12월 25일)
헤이세이(平成) 시대	平成	1989년 (1월 8일)
레이와(令和) 시대	令和	2019년 (5월 1일)

〈연호 계산법〉

* 쇼와(昭和) 계산법

　서기 – 1925 = 쇼와 연도

　예　서기 1970년은 쇼와 몇 년일까요?

　　　1970 – 1925 = 45 ⋯ 서기 1970년은 쇼와 45년입니다.

　※ 쇼와 연도에 1925를 더하면 서기를 알 수 있습니다.

* 헤이세이(平成) 계산법

　서기 – 1988 = 헤이세이 연도

　예　서기 2001년은 헤이세이 몇 년일까요?

　　　2001 – 1988 = 13 ⋯ 서기 2001년은 헤이세이 13년입니다.

　※ 헤이세이 연도에 1988을 더하면 서기를 알 수 있습니다.

05 今 何時ですか。
いま なん じ

지금 몇 시입니까?

" 야마다 씨는 회사원입니다.

야마다 씨의 회사는 오전 9시부터 오후 6시까지입니다.

저는 은행원입니다.

일본 은행은 오전 9시부터 오후 3시까지이고,

점심 시간은 12시부터 1시까지입니다.

山田さんは 会社員です。
やま だ　　　　かいしゃいん

山田さんの 会社は 午前 9時から 午後 6時までです。
やま だ　　　　かいしゃ　　ごぜん く じ　　　　ご ご ろく

私は 銀行員です。
わたし　ぎんこういん

日本の 銀行は 午前 9時から 午後 3時までで、
に ほん　　ぎんこう　　　ごぜん く じ　　　　ご ご さん

昼休みは １２時から １時までです。"
ひるやす　　　じゅうに じ　　　いち

Track 24

山田　　　キムさん、お久しぶりですね。

キム　　　あ、山田さん、お久しぶりです。

山田　　　キムさんの 会社は この 近くですか。

キム　　　はい、そうです。

山田　　　会社は 何時から 何時までですか。

キム　　　午前 9時 10分から 午後 7時までです。

 お久ひさしぶりです 오래간만입니다 | 会社かいしゃ 회사 | この 이 | 近ちかく 근처 | 何時なんじ 몇 시 |

〜から 〜まで 〜부터 〜까지 | 午前ごぜん 오전 | 午後ごご 오후

문법 포인트

1 숫자 읽기

0	1	2	3	4
ゼロ	いち	に	さん	し・よん・よ
5	**6**	**7**	**8**	**9**
ご	ろく	しち・なな	はち	きゅう・く
10	**11**	**12**	**13**	**14**
じゅう	じゅういち	じゅうに	じゅうさん	じゅうよん

2 시간 표현 Ⅰ (시간/분)

いちじ	にじ	さんじ	よじ	ごじ	ろくじ
しちじ	はちじ	くじ	じゅうじ	じゅういちじ	じゅうにじ

1分	2分	3分	4分	5分	6分
いっぷん	にふん	さんぷん	よんぷん	ごふん	ろっぷん
7分	**8分**	**9分**	**10分**	**15分**	**20分**
ななふん	はっぷん	きゅうふん	じゅっぷん	じゅうご ふん	にじゅっ ぷん
25分	**30分**	**35分**	**40分**	**45分**	**50分**
にじゅう ごふん	さんじゅっ ぷん	さんじゅう ごふん	よんじゅっ ぷん	よんじゅう ごふん	ごじゅっ ぷん
55分	**何分**				
ごじゅうご ふん	なんぷん				

③ 시간 표현 II

ちょうど 정각	前_{まえ} ~전
半_{はん} 반	過_すぎ ~지남

④ ～ね ~이군, ~로군, ~네, ~지

お久_{ひさ}しぶりですね。

あれは キムさんのですね。

明日_{あした}は テストですね。

⑤ ～から ～まで ~부터 ~까지

映画_{えいが}は 何時_{なんじ}から 何時_{なんじ}までですか。

学校_{がっこう}は 午前_{ごぜん}10時_{じゅう}から 午後_{ごご} 4時_よ30分_{さんじゅっぷん}までです。

テストは 9時_くから 11時_{じゅういち}までです。

久ひさしぶり 오래간만 | 明日あした 내일 | テスト 시험(test) | 映画えいが 영화 | 学校がっこう 학교 |

午前ごぜん 오전 | 午後ごご 오후

패턴 연습

1.

A 今 何時ですか。

B 3時 ちょうどです。

1)

A 今 何時ですか。

B _____ です。

2)

A 今 何時ですか。

B _____ です。

3)

A 今 何時ですか。

B _____ です。
(= _____ 前です。)

ц)

A 今 何時ですか。

B _____ です。

2.

映画は 何時から 何時までですか。

→ 映画は 2時から 4時までです。

2:00 – 4:00

1) 郵便局は 何時から 何時までですか。

→ 郵便局は _____ から _____ までです。

9:00 – 5:00

2) スーパーは 何時から 何時までですか。

→ スーパーは _____ から _____ までです。

8:00 – 11:30

3) 日本の 銀行は 何時までですか。

→ 日本の 銀行は _____ までです。

3:00

前 まえ 전, 앞 | **映画** えいが 영화 | **郵便局** ゆうびんきょく 우체국 | **スーパー** 슈퍼마켓(supermarket) |

銀行 ぎんこう 은행

읽어 봅시다!   Track 25

うちの会社（かいしゃ）は午前（ごぜん）8時半（じはん）から午後（ごご）6時半（ろく）までです。

明日（あした）は会議（かいぎ）があります。会議は9時から11時（じゅういち）までです。

会議の後（あと）は山田（やまだ）さんと食事（しょくじ）の約束（やくそく）があります。

山田さんは私（わたし）の友達（ともだち）で、銀行員（ぎんこういん）です。

銀行（ぎんこう）は午前9時から午後4時（よ）までです。

うち 우리 | 午前ごぜん 오전 | 半はん 반 | ～から ～まで ~부터 ~까지 | 午後ごご 오후 | 明日あした 내일 |

会議かいぎ 회의 | ～が ～이(가) | あります 있습니다 | 後あと 뒤, 후 | 食事しょくじ 식사 | 約束やくそく 약속 |

友達ともだち 친구 | 銀行員ぎんこういん 은행원

일본어로 써 봅시다!

1. 지금 몇 시입니까?

_____

2. 회의는 오전 9시부터 11시 20분까지입니다.

_____

3. 시험은 오후 4시부터입니다.

_____

정답   1. 今（いま）何時（なんじ）ですか。
2. 会議（かいぎ）は 午前（ごぜん）9時（くじ）から 11時（じゅういちじ）20分（にじゅっぷん）までです。
3. テストは 午後（ごご）4時（よじ）からです。

한자 연습

한자 즐기기

써 봅시다!

学校 학교	学校			
映画 영화	映画			
午前 오전	午前			
午後 오후	午後			
会議 회의	会議			
郵便局 우체국	郵便局			

듣기 연습

A. 내용을 듣고 보기와 같이 현재 시각을 시계 안에 그려 넣으세요.

 Track 26

A あの、すみません、今何時ですか。

B <u>さんじ さんじゅうごふん</u>です。

A ありがとうございます。

1)

2)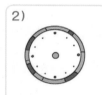

3)

ц)

B. 내용을 듣고 그림과 일치하면 ○, 일치하지 않으면 ×를 넣으세요.

 Track 27

1) 9:00 – 15:00

(   )

2) 9:00 – 10:30

(   )

3) 11:00 – 23:00

(   )

ц) 13:00 – 14:40

(   )

회화 플러스

 Track 28

1. 자기소개

→ 自己紹介を お願いします。 자기소개를 부탁합니다.

 예 自己紹介を お願いします。 자기소개를 부탁합니다.

→ 私は 青木です。私は 日本人で、会社員です。

저는 아오키입니다. 저는 일본인이고 회사원입니다.

どうぞ よろしく お願いします。 잘 부탁합니다.

| 아래 낱말을 써서 밑줄 친 부분과 바꿔서 말해 보세요. |

アメリカ人じん 미국인 | イギリス人じん 영국인 | フランス人じん 프랑스인 |

韓国人かんこくじん 한국인 | 中国人ちゅうごくじん 중국인 | デザイナー 디자이너 |

留学生りゅうがくせい 유학생 | 銀行員ぎんこういん 은행원 | 主婦しゅふ 주부 |

大学院生だいがくいんせい 대학원생

2. 제3자에 대한 질문

→ あの 人は 誰ですか。 저 사람은 누구입니까?

 예 あの 人は 誰ですか。 저 사람은 누구입니까?

→ あの 人は 私の 弟です。 저 사람은 제 남동생입니다.

| 아래 낱말을 써서 밑줄 친 부분과 바꿔서 말해 보세요. |

妹いもうと 여동생 | 兄あに 형, 오빠 | 姉あね 누나, 언니 | 友達ともだち 친구 |

会社かいしゃの 同僚どうりょう 회사 동료 | 彼氏かれし 남자 친구 | 彼女かのじょ 여자 친구 |

先輩せんぱい 선배 | 後輩こうはい 후배

일본의 국경일

일본 여행을 준비한다면 일본의 국경일 정도는 체크해 두는 편이 좋습니다. 가려고 했던 곳이 국경일에는 휴관이 될 수도 있고, 일본의 황금연휴라 할 수 있는 '골든위크(일반적으로 4월 29일 부터 5월 5일까지이며, 전후에 주말이 있다면 더 길어질 수도 있음)' 기간에 여행을 가게 된다면 혼잡을 피할 수 없는 상황이 생길 수도 있기 때문입니다.

이름	날짜	의미
元日 がんじつ	1월 1일	설날
成人の日 せいじん ひ	1월 둘째 주 월요일	성인의 날, 만 20세가 되는 성인 남녀를 축하하는 날
建国記念の日 けんこく き ねん ひ	2월 11일	건국 기념일
春分の日 しゅんぶん ひ	춘분일	천문관측에 의해 춘분이 일어나는 날을 춘분일로 정함. 통상 3월 20일이나 21일 중 하루
昭和の日 しょう わ ひ	4월 29일	쇼와 일왕의 생일
憲法記念日 けんぽう き ねん び	5월 3일	헌법 기념일
みどりの日 ひ	5월 4일	자연의 은혜에 감사하는 날
こどもの日 ひ	5월 5일	어린이날(남자 어린이의 날로, 여자 어린이의 날은 3월 3일 히나마쓰리(ひな祭まつり)에 축하함)
海の日 うみ ひ	7월 셋째 주 월요일	바다의 날, 바다의 은혜에 감사하는 날
敬老の日 けいろう ひ	9월 셋째 주 월요일	노인의 날, 노인을 공경하고 장수를 기원하는 날
秋分の日 しゅうぶん ひ	추분일	천문관측에 의해 추분이 일어나는 날을 추분일로 정함. 통상 9월 22일이나 23일 중 하루
体育の日 たいいく ひ	10월 둘째 주 월요일	체육의 날
文化の日 ぶん か ひ	11월 3일	문화의 날
勤労感謝の日 きんろうかんしゃ ひ	11월 23일	근로 감사의 날
天皇誕生日 てんのうたんじょう び	2월 23일	현재 일왕의 생일을 축하하는 날

06

きょう なんがつ なんにち
今日は 何月 何日ですか。

오늘은 몇 월 며칠입니까?

포인트 스피치 Track 29

> 오늘은 8월 13일 월요일입니다.
>
> 오늘은 제 생일입니다.
>
> 올해는 8월 13일부터 15일까지 오봉 명절입니다.
>
> 저의 여름휴가도 오늘부터 수요일까지 3일간입니다.

きょう　　はちがつじゅうさんにち　げつよう び
今日は 8月 13日 月曜日です。

　　　 わたし　たんじょう び
今日は 私の 誕生日です。

ことし　　　　　　　　　　　 じゅうご　　　　ぼんやす
今年は 8月 13日から 15日まで お盆休みです。

わたし　なつやす　　 きょう　　 すいよう び　　　　　　 みっ か かん
私の 夏休みも 今日から 水曜日までの 3日間です。 "

Track 30

先生 ^{せんせい}	みなさん、今日は 何月何日 何曜日ですか。 ^{きょう} ^{なんがつなんにち} ^{なんようび}
学生たち ^{がくせい}	今日は 5月 6日 火曜日です。 ^{ごがつ} ^{むいか} ^{かようび}
先生	昨日は？ ^{きのう}
学生たち	5月 5日 月曜日でした。 ^{いつか} ^{げつようび}
先生	昨日は 子供の 日でしたね。 ^{こども} ^ひ では、明日は 何月何日 何曜日ですか。 ^{あした}
キム	明日は 5月 7日 水曜日です。ワンさんの 誕生日です。 ^{なのか} ^{すいようび} ^{たんじょうび}
先生	そうですか。 ワンさん、お誕生日 おめでとうございます。

みなさん 여러분 | 今日きょう 오늘 | 何月何日なんがつなんにち 몇 월 며칠 | 何曜日なんようび 무슨 요일 |

昨日きのう 어제 | 〜でした 〜였습니다 | 子供こどもの 日ひ 어린이날 | 誕生日たんじょうび 생일 |

そうですか 그렇습니까? | お誕生日 おめでとうございます 생일 축하합니다

문법 포인트

1 년

1年	2年	3年	4年	5年	6年
いちねん	にねん	さんねん	よねん	ごねん	ろくねん

7年	8年	9年	10年	11年	何年
ななねん	はちねん	きゅうねん	じゅうねん	じゅういちねん	なんねん

2 월

1月	2月	3月	4月	5月	6月
いちがつ	にがつ	さんがつ	しがつ	ごがつ	ろくがつ

7月	8月	9月	10月	11月	12月
しちがつ	はちがつ	くがつ	じゅうがつ	じゅういちがつ	じゅうにがつ

3 일 · 요일

日曜日 にちようび	月曜日 げつようび	火曜日 かようび	水曜日 すいようび	木曜日 もくようび	金曜日 きんようび	土曜日 どようび
		1日 ついたち	2日 ふつか	3日 みっか	4日 よっか	5日 いつか
6日 むいか	7日 なのか	8日 ようか	9日 ここのか	10日 とおか	11日 じゅういちにち	12日 じゅうににち
13日 じゅうさんにち	14日 じゅうよっか	15日 じゅうごにち	16日 じゅうろくにち	17日 じゅうしちにち	18日 じゅうはちにち	19日 じゅうくにち
20日 はつか	21日 にじゅういちにち	22日 にじゅうににち	23日 にじゅうさんにち	24日 にじゅうよっか	25日 にじゅうごにち	26日 にじゅうろくにち
27日 にじゅうしちにち	28日 にじゅうはちにち	29日 にじゅうくにち	30日 さんじゅうにち	31日 さんじゅういちにち		何日 なんにち

u ～でした　～이었습니다

昨日（きのう）は キムさんの 誕生日（たんじょうび）でした。

昨日（きのう）は 3月（さんがつ） 6日（むいか）でした。

5 시제

昨日（きのう） 어제　—　今日（きょう） 오늘　—　明日（あした） 내일

先週（せんしゅう） 지난주　—　今週（こんしゅう） 이번 주　—　来週（らいしゅう） 다음 주

6 いつですか　언제입니까?

お誕生日は いつですか。

子供（こども）の 日（ひ）は いつですか。

誕生日たんじょうび 생일(남의 생일은 앞에 お를 붙여 お誕生日라고 함) | いつ 언제

패턴 연습

1.

보기

テスト (5月7日～11日)

テストは いつから いつまでですか。

→ テストは ごがつ なのかから

じゅういちにちまでです。

1)

ふゆ やす
冬休み (12月10日～2月28日)

_____は いつから いつまでですか。

→ _____は _____から

_____までです。

2)

まつり (月曜日～金曜日)

_____は 何曜日から 何曜日までですか。
なんよう び

→ _____は _____から

_____までです。

3)

コンサート (7月～8月)

_____は 何月から 何月までですか。
なんがつ

→ _____は _____から

_____までです。

2.

보기

	7月			
月	火	水	木	金
1	2	3	4	5

今日は 何月何日 何曜日ですか。
きょう　なんがつなんにち

→ しちがつ みっか すいようびです。

1) 明日は 何月何日 何曜日ですか。
   あした
   → _____です。

2) 昨日は 何月何日でしたか。
   きのう
   → _____でした。

3) あさっては 何曜日ですか。

   → _____です。

テスト 시험 | 冬休ふゆやすみ 겨울방학(휴가) ⇔ 夏休なつやすみ 여름방학(휴가) | まつり 축제 |

コンサート 콘서트(concert) | 今日きょう 오늘 | 何月何日なんがつなんにち 몇 월 며칠 |

何曜日なんようび 무슨 요일 | 明日あした 내일 | 昨日きのう 어제 | あさって 모레

독해·작문

읽어 봅시다!

 Track 31

私の誕生日は4月6日です。昨日は私の誕生日でした。

私は大学3年生で、趣味はテニスです。

田中さんは私の友達です。田中さんの誕生日は9月14日です。

大学4年生で、趣味は水泳です。

明日から学校のテストです。テストは月曜日から木曜日までです。

誕生日たんじょうび 생일 | 大学だいがく 대학 | ～年生ねんせい ～학년 | ～で ～이고 | 趣味しゅみ 취미 |

テニス 테니스(tennis) | 友達ともだち 친구 | 水泳すいえい 수영

 일본어로 써 봅시다!

1. 생일이 언제입니까?

_____

2. 시험은 6월 4일부터 7일까지입니다.

_____

3. 오늘은 1월 20일 월요일입니다.

_____

정답 1. お誕生日(たんじょうび)は いつですか。

2. テストは 6月(ろくがつ) 4日(よっか)から 7日(なのか)までです。

3. 今日(きょう)は 1月 1日(いちがつ) 20日(はつか) 月曜日(げつようび)です。

한자 연습

🍵 한자 즐기기

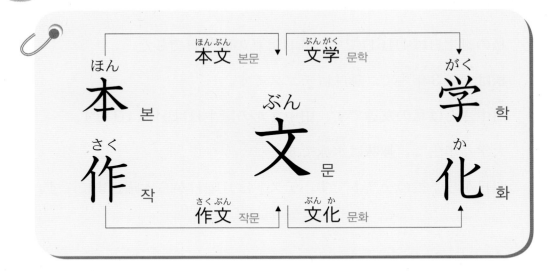

🖌 써 봅시다!

今日 きょう 오늘	今日			
昨日 きのう 어제	昨日			
明日 あした 내일	明日			
趣味 しゅ み 취미	趣味			
誕生日 たんじょう び 생일	誕生日			
休み やす 휴일	休み			

듣기 연습

A. 내용을 듣고 밑줄 친 부분에 날짜 또는 요일을 적어 보세요. Track 32

1) 明日は [　　　　　] 月 [　　　　　] 日です。

2) キムさんの 誕生日は [　　　　　] 月 [　　　　　] 日です。

3) テストは [　　　　　] からです。

4) 学校の 休みは [　　　　　] 月 [　　　　　] 日です。

B. 내용을 듣고 달력에 표시된 것과 일치하면 ○, 일치하지 않으면 ×를 넣으세요. Track 33

9月

日	月	火	水	木	金	土
		1	2 今日	3	4	
5	6	7	8	9	10	11
		← テスト →				
12	13	14	15	16	17 木村さんの 誕生日	18
← 休み →						
19	20	21	22	23	24	25
26	27	28	29	30		

1) (　　　　) 　2) (　　　　) 　3) (　　　　) 　4) (　　　　)

회화 플러스

 Track 34

1. 나이

> **おいくつですか。(= なんさいですか。)**
>
> 몇 살입니까?

한 살	두 살	세 살	네 살	다섯 살	여섯 살
いっさい	にさい	さんさい	よんさい	ごさい	ろくさい
일곱 살	여덟 살	아홉 살	열 살	스무 살	스물 한 살
ななさい	はっさい	きゅうさい	じゅっさい	はたち	にじゅう いっさい

예 おいくつですか。 몇 살입니까?

→ ① じゅうごさいです。 15세입니다.

② にじゅうさんさいです。 23세입니다.

2. 전화번호

> **でん わ ばんごう**
> **電話番号は?(= 電話番号を 教えて ください。)**
> **おし**
>
> 전화번호는 (몇 번입니까)? (전화번호를 가르쳐 주세요.)

예 電話番号は? 전화번호는?

　　ゼロ に いち に さん よん の ご ろく なな はち
→ 0 2) 1　2　3　4 ― 5　6　7　8 です。

● 일본을 대표하는 꽃

　'벚꽃(さくら)'은 일본의 국화(國花)라고 생각될 정도로 일본을 대표하는 꽃으로 알려져 있습니다만, 사실 일본의 공식적인 국화는 없습니다. 하지만 황실 문장이나 여권 등에서는 일본을 나타내는 꽃으로 '국화(菊花)'를 사용하고 있습니다.

일본 여권 ▶

　벚꽃은 필 때는 일제히 피었다가 질 때는 순식간에 지는 모습이 일본 무사(さむらい)의 인생관에 비유되면서 일본인들에게 가장 친숙한 꽃으로 자리잡았습니다.

　일본 각지에는 벚꽃을 즐길 수 있는 명소가 많고, 봄이 되면 각 방송사에서는 '벚꽃개화시기'를 보도할 정도로 일본인들의 삶 속에서 벚꽃은 떼려야 뗄 수 없는 존재라 할 수 있습니다. 특히 벚꽃 나무 아래에서 가족이나 친구, 동료들과 음식과 술을 나누며 즐거운 시간을 보내는 '하나미(花見)'는 일본인들에게 있어 봄철의 가장 큰 행사입니다.

◀ 하나미

07 この ケーキは いくらですか。

이 케이크는 얼마입니까?

포인트 스피치   Track 35

❝ 이 가게는 디저트 카페입니다.
이 가게의 케이크는 전부 500엔입니다.
뜨거운 커피는 350엔이고, 아이스커피는 400엔입니다.
그리고 쿠키는 전부 100엔입니다.

この 店(みせ)は デザート・カフェです。

この 店(みせ)の ケーキは 全部(ぜんぶ) 500円(ごひゃくえん)です。

ホットコーヒーは 350円(さんびゃくごじゅう)で、アイスコーヒーは 400円(よんひゃく)です。

それから、クッキーは 全部 100円(ひゃく)です。 ❞

Track 36

店員 ^{てんいん}	いらっしゃいませ。
山田 ^{やまだ}	あの、すみません。この チーズケーキ、いくらですか。
店員	５００円です。 ^{ごひゃく えん}
山田	ちょっと 高いですね。コーヒーは いくらですか。 ^{たか}
店員	コーヒーは ３５０円です。 ^{さんびゃくごじゅう}
山田	じゃ、コーヒーと チーズケーキを ください。
	それから、この クッキーも ひとつ おねがいします。
店員	はい、全部で ９５０円です。 ^{ぜん ぶ} ^{きゅうひゃくごじゅう}

店員てんいん 점원 | いらっしゃいませ 어서 오세요 | すみません 실례합니다 |

チーズケーキ 치즈케이크(cheese cake) | いくらですか 얼마입니까? | ～円えん ～엔 (일본의 화폐 단위) |

ちょっと 좀, 약간 | 高たかい 비싸다 (い형용사) | コーヒー 커피(coffee) | ～じゃ(= では) 그럼, 그러면 |

～と ～와(과) | ～を ～을(를) | それから 그리고 | クッキー 쿠키(cookie) | ～も ～도 | ひとつ 한 개 |

おねがいします 부탁합니다 | 全部ぜんぶで 전부 해서, 전부 합해서

문법 포인트

① 숫자 읽기

1	10	100	1000	10000
いち	じゅう	ひゃく	せん	いちまん
2	20	200	2000	20000
に	にじゅう	にひゃく	にせん	にまん
3	30	300	3000	30000
さん	さんじゅう	さんびゃく	さんぜん	さんまん
4	40	400	4000	40000
し・よん	よんじゅう	よんひゃく	よんせん	よんまん
5	50	500	5000	50000
ご	ごじゅう	ごひゃく	ごせん	ごまん
6	60	600	6000	60000
ろく	ろくじゅう	ろっぴゃく	ろくせん	ろくまん
7	70	700	7000	70000
しち・なな	ななじゅう	ななひゃく	ななせん	ななまん
8	80	800	8000	80000
はち	はちじゅう	はっぴゃく	はっせん	はちまん
9	90	900	9000	90000
きゅう・く	きゅうじゅう	きゅうひゃく	きゅうせん	きゅうまん
10	100	1000	10000	100000
じゅう	ひゃく	せん	いちまん	じゅうまん

2 조수사 읽기

ひとつ 한 개	ふたつ 두 개	みっつ 세 개	よっつ 네 개
いつつ 다섯 개	むっつ 여섯 개	ななつ 일곱 개	やっつ 여덟 개
ここのつ 아홉 개	とお 열 개	じゅういっこ 열한 개	いくつ 몇 개, 얼마

1円 いちえん	5円 ごえん	10円 じゅうえん	50円 ごじゅうえん	100円 ひゃくえん
500円 ごひゃくえん	1000円 せんえん	2000円 にせんえん	5000円 ごせんえん	10000円 いちまんえん

3 ～と ～와(과)

アイスコーヒーと ケーキです。 どうぞ。

ハンバーガーと コーラを ください。

4 ～を ～을(를)

チーズケーキを ひとつ おねがいします。

お名前を おねがいします。
<small>なまえ</small>

アイスコーヒー 아이스커피(ice coffee) | ケーキ 케이크(cake) | ハンバーガー 햄버거(hamburger) |

コーラ 콜라(cola) | チーズケーキ 치즈케이크 | ひとつ 한 개 | お名前 なまえ 이름, 성함

패턴 연습

1. 보기

アイスクリーム
600円

A　<u>アイスクリーム</u>は いくらですか。
B　<u>ろっぴゃく</u>円です。

1)

ミルク
300円

A　_____は いくらですか。
B　_____円です。

2)

とんカツ
800円

A　_____は いくらですか。
B　_____円です。

3)

うどん
550円

A　_____は いくらですか。
B　_____円です。

ц)

さしみ
6000円

A　_____は いくらですか。
B　_____円です。

2. 보기

1300円　→　<u>せんさんびゃく円</u>

1)　160円　　　→　_____円

2)　370円　　　→　_____円

3)　840円　　　→　_____円

ц)　13000円　→　_____円

3. 보기

300円 / 200円

A 全部で いくらですか。

B ごひゃく円です。

1)

350円 / 300円

A 全部で いくらですか。

B ＿＿＿＿＿＿＿＿円です。

2)

400円 / 600円

A 全部で いくらですか。

B ＿＿＿＿＿＿＿＿円です。

3)

100円 / 2200円

A 全部で いくらですか。

B ＿＿＿＿＿＿＿＿円です。

4)

500円 / 800円

A 全部で いくらですか。

B ＿＿＿＿＿＿＿＿円です。

4. 보기

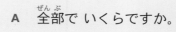

（ みっつ ）　＋　（ ふたつ ）　＝　（ いつつ ）

1)

（　　　　）　＋　（　　　　）　＝　（　　　　）

2)

（　　　　）　＋　（　　　　）　＝　（　　　　）

독해·작문

 읽어 봅시다! Track 37

> この店はちょっと高いですが、品物はとてもいいです。
>
> セーターとブラウスは4500円です。
>
> どちらもMサイズです。
>
> スカートは3600円です。
>
> ズボンは高いのもありますが、スカートよりは安いです。

店みせ 가게 | ちょっと 좀, 약간 | 高たかい 비싸다 | 〜が 〜(이)지만 | 品物しなもの 물건 | いい 좋다 |

セーター 스웨터(sweater) | 〜と 〜와(과) | ブラウス 블라우스(blouse) | どちらも 어느 쪽도, 둘 다 |

サイズ 사이즈(size) | スカート 스커트(skirt) | ズボン 바지 | あります 있습니다 | 〜より 〜보다 |

安やすい 싸다

 일본어로 써 봅시다!

1. 저, 실례합니다. 이 책은 얼마입니까?

_____

2. 케이크는 350엔입니다.

_____

3. 그럼, 커피와 케이크를 주십시오.

_____

정답 1. あの、すみません。この本(ほん)はいくらですか。
2. ケーキは 350円(さんびゃくごじゅうえん)です。
3. じゃ、コーヒーとケーキを ください。

한자 연습

한자 즐기기

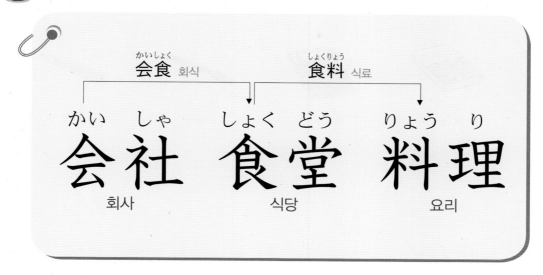

<table>
<tr>
<td>

会食 회식 <small>かいしょく</small>
食料 식료 <small>しょくりょう</small>

かい　しゃ　　しょく　どう　　りょう　り
会社　食堂　料理
회사　　　식당　　　요리

</td>
</tr>
</table>

써 봅시다!

<small>ぜん ぶ</small> **全部** <small>전부</small>	全部			
<small>しょく どう</small> **食堂** <small>식당</small>	食堂			
<small>りょう り</small> **料理** <small>요리</small>	料理			
<small>みせ</small> **店** <small>가게</small>	店			
<small>しな もの</small> **品物** <small>물건</small>	品物			
<small>な まえ</small> **名前** <small>이름</small>	名前			

듣기 연습

A. 내용을 듣고 그림과 일치하면 ○, 일치하지 않으면 ✕를 넣으세요. Track 38

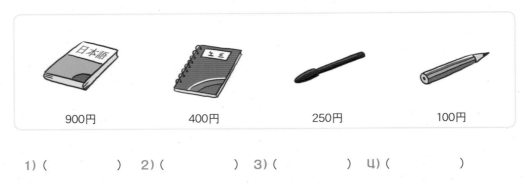

1) (   )   2) (   )   3) (   )   ㄴ) (   )

B. 내용을 듣고 각 메뉴의 가격을 바르게 연결하세요. Track 39

1)   ⓐ 200円

2)   ⓑ 500円

3)   ⓒ 650円

ㄴ)   ⓓ 300円

90

회화 플러스

1. 주문하기

 Track 40

→ いらっしゃいませ。

어서 오세요.

예 いらっしゃいませ。 어서 오세요.

→ すみません。 <u>コーヒー</u> <u>ひとつ</u>と <u>ジュース</u> <u>ふたつ</u> ください。

실례합니다. 커피 한 개와 주스 두 개 주세요.

| 아래 낱말을 써서 밑줄 친 부분과 바꿔서 말해 보세요. |

やきそば 야키소바 | お好このみ焼やき 오코노미야키 | カレー 카레 | ハンバーガー 햄버거 |

ラーメン 라면 | 焼やき肉にく 불고기 | みっつ 세 개 | 1人前いちにんまえ 1인분 | 2人前ににんまえ 2인분

2. 가격 질문

→ ケーキは いくらですか。

케이크는 얼마입니까?

예 <u>ケーキ</u>は いくらですか。 케이크는 얼마입니까?

→ <u>ケーキ</u>は <u>300円</u>です。 케이크는 300엔입니다.

| 아래 낱말을 써서 밑줄 친 부분과 바꿔서 말해 보세요. |

チーズケーキ 치즈케이크 | いちごケーキ 딸기케이크 | チョコケーキ 초코케이크 |

アイスコーヒー 아이스커피 | 紅茶こうちゃ 홍차 | コーラ 콜라 | ジュース 주스(juice) | お水みず 물 |

320円さんびゃくにじゅうえん 320엔 | 400円よんひゃくえん 400엔 | 650円ろっぴゃくごじゅうえん 650엔 |

700円ななひゃくえん 700엔 | 1000円せんえん 1000엔

● 일본의 전통 의상

일본의 전통의상이라고 하면 바로 '기모노(きもの)'가 떠오를 것입니다. 기모노는 매우 격식을 차려 입는 옷으로, 기모노를 제대로 갖춰 입으려면 기모노를 전문으로 입혀 주는 사람이 필요할 정도이고, 입는 데에만 2시간 정도 걸린다고 합니다. 가격도 비싸서 대를 이어 입기도 합니다.

그래서 최근에는 격식을 차려야 하는 자리나 성인식 등 기모노를 입어야 하는 자리에 참석할 때, 조금 간소화된 기모노를 입기도 합니다.

기모노를 입은 여성의 뒷모습 ▶

요즘도 신사에서 기모노를 입고 예식을 올리는 신랑 신부를 종종 볼 수 있습니다. 결혼식에서는 신랑은 검정색, 신부는 흰색 기모노를 입습니다. 하객들도 기모노나 정장을 입고 참석하는데, 하객 중에 결혼을 한 친족일 경우에는 검정색 기모노를 입습니다.

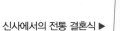

신사에서의 전통 결혼식 ▶

기모노를 입었을 때는 일본식 버선이라 할 수 있는 '다비(たび, 엄지발가락과 검지발가락 사이가 갈라진 버선)'를 신고, '게타(げた, 나무로 만든 굽이 높은 신발)'나 '조리(ぞうり, 목면이나 가죽으로 만든 굽이 없는 신발)'를 신습니다.

다비와 조리 ▶

▲ 다비와 게타

기모노와 비슷한 옷으로 '유카타(ゆかた)'가 있습니다. 유카타는 여름철이나 목욕 후에 간편하게 입는 목면 소재의 옷을 말합니다. 일본 여행 중에 호텔이나 온천에서 기모노처럼 생긴 옷을 입었다면 그것이 유카타입니다.

특히 여름에 열리는 축제에 참석할 때, 많은 일본인들이 유카타를 입고 축제를 즐깁니다.

여름에 일본 여행을 가게 된다면 유카타를 입고 축제를 즐겨 보는 것도 좋은 추억이 될 것입니다.

유카타를 입은 남녀 모습 ▶

호텔 비치용 유카타 ▶

08

日本語は とても
おもしろいです。

일본어는 아주 재미있습니다.

" 오늘은 날씨가 좋습니다. 오늘은 어제보다 덥지 않습니다.

어제는 일본어 시험이었습니다.

시험은 좀 어려웠지만,

일본어 공부는 재미있고 즐겁습니다.

今日は いい 天気です。 今日は 昨日より 暑く ありません。

昨日は 日本語の テストでした。

テストは ちょっと 難しかったですが、

日本語の 勉強は おもしろくて 楽しいです。 "

Track 42

木村 _{き むら}	キムさん、今日は あまり 暑く ありませんね。 _{きょう} _{あつ}
キム	ええ、昨日よりは すずしいですね。 _{きのう}
木村 _{き むら}	キムさん、最近 日本語の 勉強は どうですか。 _{さいきん} _{に ほん ご} _{べんきょう}
キム	ちょっと 難しいですが、とても おもしろいです。 _{むずか} 韓国語の 勉強は どうですか。 _{かんこく ご}
木村 _{き むら}	英語より おもしろくて 簡単です。 _{えい ご} _{かんたん}
キム	それは よかったですね。 あ、昨日は テストでしたね。どうでしたか。 _{きのう}
木村 _{き むら}	テストは 難しかったです。 _{むずか}

今日きょう 오늘 | あまり 별로, 그다지 | 暑あつい 덥다 | 昨日きのう 어제 | ～より ～보다 |

すずしい 서늘하다, 시원하다 | 最近さいきん 최근, 요즘 | 勉強べんきょう 공부 | どうですか 어떻습니까? |

難むずかしい 어렵다 | ～が ～(이)지만 | とても 매우, 아주 | おもしろい 재미있다 | 英語えいご 영어 |

簡単かんたんです 간단합니다 (기본형 簡単だ) | それは よかったですね 그거 잘됐네요 |

どうでしたか 어땠습니까? (과거형)

문법 포인트

① い형용사의 활용

종류	만드는 방법
기본형	~い 예 おいしい 맛있다
정중형	~い + です 예 おいしいです 맛있습니다
부정형	~い + く ありません (= ないです) 예 おいしく ありません (= おいしく ないです) 맛이 없습니다
과거형	~い + かったです 예 おいしかったです 맛있었습니다
과거 부정형	~い + く ありませんでした (=く なかったです) 예 おいしく ありませんでした 맛이 없었습니다 (= おいしく なかったです)
명사 수식	~い + 명사 예 おいしい りんご 맛있는 사과
부사형	~い + く 예 おいしく 맛있게
연결형	~い + くて 예 おいしくて 맛있고, 맛있어서

いい / よい의 활용

종류	표현 방법	
부정	よく ありません (○)	いく ありません (×)
과거	よかったです (○)	いかったです (×)
과거 부정	よく ありませんでした (○)	いく ありませんでした (×)
부사	よく (○)	いく (×)
연결	よくて (○)	いくて (×)

2 **〜い ＋ です** 　〜합니다 [정중]

今日は とても 暑いです。

キムさんの 部屋は 広いです。

3 **〜く ありません（＝ く ないです）** 　〜(지) 않습니다 [부정]

テストは あまり 難しく ありません。

天気は よく ありません。

この 映画は あまり おもしろく ありません。

4 **〜ですが** 　〜입니다만, 〜(이)지만

この 店は ちょっと 高いですが、とても おいしいです。

中国語は おもしろいですが、ちょっと 難しいです。

よい（＝ いい）좋다｜暑あつい 덥다｜部屋へや 방｜広ひろい 넓다｜テスト 시험｜難むずかしい 어렵다｜

天気てんき 날씨｜映画えいが 영화｜店みせ 가게｜ちょっと 좀, 약간｜高たかい 비싸다｜

中国語ちゅうごくご 중국어

문법 포인트

5 〜より　〜보다 [비교]

昨日（きのう）より 寒（さむ）いですね。

みかんは りんごより 安（やす）いです。

6 〜くて　〜(이)고 [연결, 나열]

この 店（みせ）は 安くて おいしいですね。

背（せ）が 高（たか）くて ハンサムです。

イさんは かわいくて 優（やさ）しいです。

7 〜かったです　〜(이)었습니다 [과거]

天気（てんき）は とても よかったです。

旅行（りょこう）は 楽（たの）しかったです。

昨日（きのう） 어제 | 寒（さむ）い 춥다 | みかん 귤 | りんご 사과 | 安（やす）い 싸다 | 背（せ）が 高（たか）い 키가 크다 |

ハンサムだ 잘생기다, 핸섬하다 | かわいい 귀엽다 | 優（やさ）しい 자상하다, 상냥하다 | とても 매우, 참 |

よい (= いい) 좋다 | 旅行（りょこう） 여행 | 楽（たの）しい 즐겁다

패턴 연습

1. 보기

> この 部屋は 広い。　→　この 部屋は <u>広いです</u>。

1) キムさんは 髪が 長い。　→　キムさんは 髪が _____。

2) この 靴は 新しい。　→　この 靴は _____。

2. 보기

> 春は あたたかいです。　→　<u>あたたかい 春です</u>。

1) 夏は 暑いです。　→　_____。

2) 秋は 涼しいです。　→　_____。

3) 冬は 寒いです。　→　_____。

3. 보기

> すしは おいしいですか。
>
> → いいえ、あまり <u>おいしく ありません</u>。まずいです。

1) その 時計は 高いですか。

→ いいえ、あまり _____。安いです。

2) キムさんの 靴は 新しいですか。

→ いいえ、あまり _____。古いです。

部屋へや 방 | 広ひろい 넓다 | 髪かみ 머리(카락) | 長ながい 길다 | 靴くつ 신발, 구두 | 新あたらしい 새롭다 |

春はる 봄 | あたたかい 따뜻하다 | 夏なつ 여름 | 暑あつい 덥다 | 秋あき 가을 | 涼すずしい 서늘하다, 시원하다 |

冬ふゆ 겨울 | まずい 맛없다 | 時計とけい 시계 | 高たかい 비싸다 | 古ふるい 낡다

4.

보기

この レストランは 安^{やす}い・おいしい

→ この レストランは <u>安くて おいしい</u>。

1) この 時計^{と けい}は 小^{ちい}さい・かわいい

→ この 時計は _____。

2) この かばんは 赤^{あか}い・大^{おお}きい

→ この かばんは _____。

5.

보기

旅行^{りょこう}は 楽^{たの}しい。 → 旅行は <u>楽しかった</u>です。

1) この 料理^{りょう り}は おいしい。 → この 料理は _____です。

2) 天気^{てん き}は いい。 → 天気は _____です。

3) テストは 難^{むずか}しい。 → テストは _____です。

6.

보기

この 本^{ほん}より 大^{おお}きく ありません。

→ この 本より <u>大きく ありませんでした</u>。

1) 英語^{えい ご}より 難しく ありません。 → 英語より _____。

2) 映画^{えい が}は おもしろく ありません。 → 映画は _____。

7. い형용사를 활용별로 보기와 같이 완성하세요.

보기 高^{たか}い ↓ 비싸다	おもしろい 재미있다	広い 넓다	長い 길다	★ いい(= よい) 좋다
高いです 비쌉니다				
高く ありません 비싸지 않습니다				
高かったです 비쌌습니다				
高く ありません でした 비싸지 않았습니다				
高い 時計^{とけい} 비싼 시계	本^{ほん} 책	部屋^{へや} 방	髪^{かみ} 머리	人^{ひと} 사람
高く 비싸게				
高くて 비싸고				

レストラン 레스토랑(restaurant) | 小^{ちい}さい 작다 | かわいい 귀엽다 | 赤^{あか}い 빨갛다 |

大^{おお}きい 크다 | 旅行^{りょこう} 여행 | 楽^{たの}しい 즐겁다 | 料理^{りょうり} 요리 | 天気^{てんき} 날씨 |

テスト 시험 | 難^{むずか}しい 어렵다 | ～より ～보다 (비교) | 英語^{えいご} 영어 | 映画^{えいが} 영화

여러 가지 い형용사

い형용사 어휘 정리 [반대말]

高（たか）い 비싸다	↔	安（やす）い 싸다	早（はや）い / 速（はや）い 이르다 / 빠르다	↔	遅（おそ）い 느리다
高（たか）い 높다	↔	低（ひく）い 낮다	背（せ）が 高（たか）い 키가 크다	↔	背（せ）が 低（ひく）い 키가 작다
おいしい 맛있다	↔	まずい 맛없다	近（ちか）い 가깝다	↔	遠（とお）い 멀다
大（おお）きい 크다	↔	小（ちい）さい 작다	重（おも）い 무겁다	↔	軽（かる）い 가볍다
難（むずか）しい 어렵다	↔	易（やさ）しい 쉽다	熱（あつ）い 뜨겁다	↔	冷（つめ）たい 차갑다
新（あたら）しい 새롭다	↔	古（ふる）い 오래되다	明（あか）るい 밝다	↔	暗（くら）い 어둡다
長（なが）い 길다	↔	短（みじか）い 짧다	うれしい 기쁘다	↔	かなしい 슬프다
多（おお）い 많다	↔	少（すく）ない 적다	おもしろい 재미있다	↔	つまらない 재미없다
広（ひろ）い 넓다	↔	狭（せま）い 좁다	いい 좋다	↔	わるい 나쁘다

계절에 관한 い형용사

春 <small>はる</small> 봄	あたたかい 따뜻하다	
夏 <small>なつ</small> 여름	あつい 덥다	
秋 <small>あき</small> 가을	すずしい 서늘하다	
冬 <small>ふゆ</small> 겨울	さむい 춥다	

색에 관한 い형용사

白 <small>しろ</small>い	하얗다
黒 <small>くろ</small>い	검다
黄色 <small>き いろ</small>い	노랗다
赤 <small>あか</small>い	빨갛다
青 <small>あお</small>い	파랗다

맛에 관한 い형용사

あまい	달다
からい	맵다
しょっぱい	짜다
にがい	쓰다
すっぱい	시다
しぶい	떫다

그 외 い형용사

かわいい	귀엽다
痛 <small>いた</small>い	아프다
忙 <small>いそが</small>しい	바쁘다
楽 <small>たの</small>しい	즐겁다
優 <small>やさ</small>しい	자상하다, 상냥하다
すばらしい	훌륭하다
うつくしい	아름답다

독해·작문

 ### 읽어 봅시다!

> キムさんと私(わたし)は一番(いちばん)仲(なか)がいい友達(ともだち)です。
>
> キムさんはとてもかわいくて優(やさ)しいタイプです。
>
> 昨日(きのう)はキムさんの誕生日(たんじょうび)でした。
>
> それで、友達とパーティーをしました。
>
> パーティーはとても楽(たの)しかったです。

~と ~와(과) │ 一番(いちばん) 가장, 제일 │ 仲(なか)が いい 사이가 좋다 │ 友達(ともだち) 친구 │ タイプ 타입(type) │

誕生日(たんじょうび) 생일 │ それで 그래서 │ パーティー 파티(party) │ しました 했습니다 │

とても 매우, 아주 │ [형용사]＋かったです ~였습니다 (과거)

 ### 일본어로 써 봅시다!

1. 오늘은 날씨가 좋네요.

   _____

2. 여행은 아주 즐거웠습니다.

   _____

3. 영화는 어땠습니까? / 별로 재미없었습니다.

   _____

정답 1. 今日(きょう)は いい 天気(てんき)ですね。
2. 旅行(りょこう)は とても 楽(たの)しかったです。
3. 映画(えいが)は どうでしたか。 / あまり おもしろく ありませんでした。

한자 연습

한자 즐기기

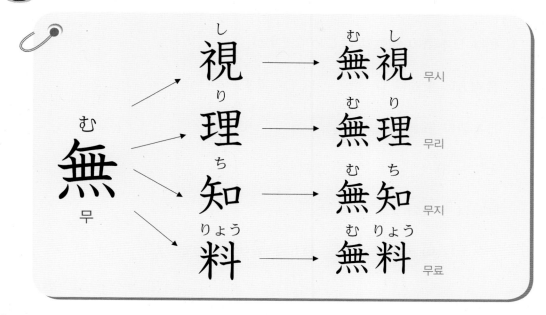

し 視	→	む　し 無視	무시
り 理	→	む　り 無理	무리
ち 知	→	む　ち 無知	무지
りょう 料	→	む　りょう 無料	무료

む
無
무

써 봅시다!

てん き 天気 날씨	天気			
さい きん 最近 최근	最近			
りょ こう 旅行 여행	旅行			
べん きょう 勉強 공부	勉強			
はる 春 봄	春			
なつ 夏 여름	夏			

듣기 연습

A. 내용을 듣고 빈칸에 알맞은 단어를 쓰세요. Track 44

私は 日本語の 勉強は はじめてですが、

日本人の 友達は 1) _____ です。

日本語は ちょっと 2) _____ ですが、

とても 3) _____ です。

昨日は 学校の テストでした。

テストは ㄴ) _____ 難しく ありませんでした。

B. 내용을 잘 듣고 그림과 일치하면 ○, 일치하지 않으면 ×를 넣으세요.  Track 45

1) (   )   2) (   )   3) (   )   ㄴ) (   )

勉強べんきょう 공부 | はじめて 처음 | 友達ともだち 친구 | 学校がっこう 학교 | テスト 시험 |

難むずかしい 어렵다

회화 플러스

Track 46

1. 학년

→ **何年生ですか。**
<ruby>何年生<rt>なんねんせい</rt></ruby>

몇 학년입니까?

예 何年生ですか。 몇 학년입니까?

→ <u>大学 4 年生</u>です。 대학 4학년입니다.
<ruby>大学<rt>だいがく</rt></ruby> <ruby>年<rt>よ</rt></ruby>

| 아래 낱말을 써서 밑줄 친 부분과 바꿔서 말해 보세요. |

小学しょうがく 초등(학교) | 中学ちゅうがく 중학(교) | 高校こうこう 고등(학교) |

1年生いちねんせい 1학년 | 2年生にねんせい 2학년 | 3年生さんねんせい 3학년

2. 태어난 해

A **何年生まれですか。** 몇 년생입니까?
<ruby>何年<rt>なんねん</rt></ruby> <ruby>生<rt>う</rt></ruby>

B <u>1 9 9 4 年</u>生まれです。 1994년생입니다.
せんきゅうひゃくきゅうじゅうよ

| 아래 낱말을 써서 밑줄 친 부분과 바꿔서 말해 보세요. |

1979年せんきゅうひゃくななじゅうきゅうねん 1979년 | 1986年せんきゅうひゃくはちじゅうろくねん 1986년 |

1990年せんきゅうひゃくきゅうじゅうねん 1990년 | 1998年せんきゅうひゃくきゅうじゅうはちねん 1998년 |

2000年にせんねん 2000년 | 2002年にせんにねん 2002년

쉬어가기

• 일본의 대표 음식

초밥(すし)

　일본 음식이라고 하면 가장 먼저 '초밥(스시)'을 떠올릴 것입니다. 그만큼 일본은 초밥의 종류가 다양할 뿐 아니라 초밥을 먹을 수 있는 식당도 쉽게 찾을 수 있습니다. 게다가 상대적으로 배달 문화가 발달하지 않은 일본에서 초밥만큼은 흔히 배달될 정도로 일본인들은 초밥을 즐겨 먹습니다.

　초밥은 모양에 따라 종류가 나뉘는데, 일반적으로 밥 위에 생선이나 해물이 올라간 '니기리즈시(にぎりずし)', 초밥용 밥을 김으로 둘러 만 다음, 위에 연어알이나 낫토를 올린 '군칸마키(ぐんかんまき)', 우리나라의 김밥과 비슷한 '후토마키(ふとまき)', 얇게 싼 김밥 안에 구운 참치나 오이만을 넣은 '노리마키(のりまき)', 손으로 잡고 먹을 수 있게 만든 '데마키(てまき)', 우리나라의 회덮밥 같은 형태의 '지라시즈시(ちらしずし)' 등이 있습니다.

초밥 ▶

전골요리(なべ料理{りょうり})

　일본에서는 겨울철이 되면 '전골요리'를 많이 먹습니다. 전골요리의 종류로는 우리에게도 친숙한 '스키야키(すきやき)', '샤부샤부(しゃぶしゃぶ)'가 있고, 일본 스모 선수들이 주로 먹는 '창코나베(ちゃんこ鍋{なべ})' 등이 있습니다.

▲ 스키야키

라멘(ラーメン)

일본 음식에서 '라멘' 역시 빠질 수 없는 음식 중의 하나입니다. 일본에서는 식당 등에서 인스턴트 라면을 팔지 않습니다. 식당에서 파는 라멘이라 하면 돼지나 닭의 뼈를 우린 육수에 소금, 일본 된장, 간장 등으로 맛을 내고 생면을 삶아 넣은 후 각종 고명을 올린 음식을 말합니다. 일본 라멘은 크게 네 종류로 나눌 수 있는데, 소금으로 간을 한 '시오 라멘(塩ラーメン)', 일본 된장으로 맛을 낸 '미소 라멘(味噌ラーメン)', 간장으로 맛을 낸 '쇼유 라멘(醤油ラーメン)'과 돼지의 뼈를 우린 육수로 맛을 낸 '돈코쓰 라멘(豚骨ラーメン)'이 있습니다.

▲ 라멘

덮밥 요리

일본 음식 중에 저렴하고 편하게 먹을 수 있는 음식으로 덮밥류를 들 수 있습니다. 소고기를 간장으로 양념한 후 채소를 넣고 볶은 것이 올라간 '규동(牛丼)'과 튀김류를 올린 후에 간장 소스를 뿌려 먹는 '텐동(天丼)', 돈가스를 올린 '가쓰동(カツ丼)', 닭고기와 계란을 올린 '오야코동(親子丼)' 등이 있습니다.

▲ 규동

일본에서 라멘이나 덮밥 등을 파는 식당은 쉽게 찾을 수 있어, 일본 여행 중이라면 편하고 저렴하게 먹을 수 있습니다. 이러한 식당은 대부분 '식권기'를 사용하기 때문에 일본어가 서툴더라도 부담 없이 음식을 주문해 먹을 수 있습니다.

식권기 ▶

09

静_{しず}かで、きれいな 部屋_{へや}ですね。

조용하고 깨끗한 방이군요.

포인트 스피치 Track 47

" 이 사람은 기무라 씨입니다.

기무라 씨는 성실하고 친절한 사람입니다.

그는 스포츠 중에서 축구를 가장 좋아합니다.

저도 축구를 좋아하는데, 별로 잘하지 못합니다.

この 人_{ひと}は 木村_{きむら}さんです。

木村さんは まじめで、親切_{しんせつ}な 人_{ひと}です。

彼_{かれ}は スポーツの 中_{なか}で サッカーが 一番_{いちばん} 好_すきです。

私_{わたし}も サッカーが 好きですが、あまり 上手_{じょうず}では ありません。 "

Track 48

キム	とても 静_{しず}かで、きれいな 部屋_{へや}ですね。あ、この 写真_{しゃしん}は？
木村	サッカーの 試合_{しあい}の 写真です。
キム	木村_{きむら}さんは サッカーが 好_すきですか。
木村	はい、好きですが、あまり 上手_{じょうず}では ありません。
	キムさんは スポーツの 中_{なか}で 何_{なに}が 一番_{いちばん} 好きですか。
キム	私_{わたし}は 水泳_{すいえい}が 一番 好きです。木村さんも 水泳が 好きですか。
木村	前_{まえ}は 好きでしたが、今_{いま}は サッカーの 方_{ほう}が 好きです。

静_{しず}かで 조용하고 (기본형 : 静かだ) | **きれいだ** 예쁘다, 깨끗하다 | **部屋**へや 방 | **写真**しゃしん 사진 |

サッカーの 試合しあい 축구 시합 | **〜が 好**すきです 〜을(를) 좋아합니다 (기본형 : 好きだ) |

上手じょうずだ 잘하다, 능숙하다 | **スポーツ** 스포츠(sports) | **〜の 中**なかで 〜중에서 | **何**なに 무엇 |

一番いちばん 가장, 제일 | **水泳**すいえい 수영 | **前**まえ 전, 앞 | **[명사]＋の 方**ほう 〜의 쪽(편)

문법 포인트

1 な형용사의 활용

종류	만드는 방법
기본형	～だ 예 まじめだ 성실하다
정중형	～だ + です 예 まじめです 성실합니다
부정형	～だ + では ありません (= じゃ ありません) 예 まじめでは ありません (= まじめじゃ ありません) 　성실하지 않습니다
과거형	～だ + だった (반말체) 예 まじめだった 성실했다 ～だ + でした (정중체) 예 まじめでした 성실했습니다
과거 부정형	～だ + では ありませんでした (= じゃ ありませんでした) 예 まじめでは ありませんでした (= まじめじゃ ありませんでした) 　성실하지 않았습니다
명사 수식	～だ → な + 명사 예 まじめな 学生^{がくせい} 성실한 학생
부사형	～だ + に 예 まじめに 성실하게
연결형	～だ + で 예 まじめで 성실하고

2 ～だ ＋ です ～ 합니다 [정중]

キムさんは とても きれいです。

交通が 便利ですね。
こうつう べんり

3 ～だ → な ＋ 명사 ～한 ＋ 명사 [명사 수식]

静かな 部屋です。
しず へや

立派な ビルですね。
りっぱ

ソウルは とても にぎやかな 都市です。
とし

4 ～では ありません（＝ じゃ ありません） ～(지) 않습니다 [부정]

あの 店は あまり きれいでは ありません。
みせ

あの 人は 親切では ありません。
ひと しんせつ

とても 매우, 아주 | きれいだ 예쁘다, 깨끗하다 | 交通こうつう 교통 | 便利べんりだ 편리하다 |

静しずかだ 조용하다 | 立派りっぱだ 훌륭하다 | ビル 빌딩 | にぎやかだ 번화하다 | 都市とし 도시 |

店みせ 가게 | 親切しんせつだ 친절하다

문법 포인트

5 〜が 好きです　~을(를) 좋아합니다 / 〜が 上手です　~을(를) 잘합니다

日本語（にほんご）が 好（す）きです。（○） ― 日本語を 好きです。（×）

どんな タイプが 好きですか。（○） ― どんな タイプを 好きですか。（×）

英語（えいご）が 上手（じょうず）ですね。（○） ― 英語を 上手ですね。（×）

6 〜でした　~였습니다

部屋（へや）は とても 静（しず）かでした。

日本料理（にほんりょうり）が 好きでした。

7 명사 ＋ の 方　~(의) 쪽(편)

中国語（ちゅうごくご）より 日本語の 方（ほう）が 好きです。

水泳（すいえい）より サッカーの 方が 好きです。

どんな 어떤, 어떠한 | タイプ 타입 | 英語えいご 영어 |

上手じょうずだ 잘한다, 능숙하다 | 部屋へや 방 | 日本料理にほんりょうり 일본요리 |

中国語ちゅうごくご 중국어 | 水泳すいえい 수영 | サッカー 축구(soccer)

패턴 연습

1. 보기

旅行^{りょこう}が 好^すきですか。

→ <u>はい、好きです。</u>

<u>いいえ、好きでは ありません。（＝ 好きじゃ ありません。）</u>

1) あの レストランは きれいですか。

→ _____。

_____。

2) 交通^{こうつう}は 便利^{べんり}ですか。

→ _____。

_____。

2. 보기

木村^{きむら}さんは まじめだ・ハンサムだ

→ <u>木村さんは まじめで、ハンサムです。</u>

1) 日本語^{にほんご}の 先生^{せんせい}は 親切^{しんせつ}だ・きれいだ

→ _____。

2) この レストランは きれいだ・静^{しず}かだ

→ _____。

旅行りょこう 여행 | レストラン 레스토랑 | 交通こうつう 교통 | まじめだ 성실하다 |

ハンサムだ 잘 생기다 | きれいだ 예쁘다, 깨끗하다

패턴 연습

3.

보기

まじめだ・学生（がくせい） → まじめな 学生ですね。

1) にぎやかだ・街（まち）

→ ＿＿＿＿＿＿＿＿＿＿＿＿＿＿＿＿＿＿＿＿。

2) 親切（しんせつ）だ・人（ひと）

→ ＿＿＿＿＿＿＿＿＿＿＿＿＿＿＿＿＿＿＿＿。

3) 有名（ゆうめい）だ・歌手（かしゅ）

→ ＿＿＿＿＿＿＿＿＿＿＿＿＿＿＿＿＿＿＿＿。

4.

보기

テストは 簡単（かんたん）でしたか。

→ はい、簡単でした。

いいえ、簡単では ありませんでした。（= 簡単じゃ ありませんでした。）

1) 山田（やまだ）さんは 元気（げんき）でしたか。

→ ＿＿＿＿＿＿＿＿＿＿＿＿＿＿＿＿。

＿＿＿＿＿＿＿＿＿＿＿＿＿＿＿＿＿＿＿。

2) キムさんが 好（す）きでしたか。

→ ＿＿＿＿＿＿＿＿＿＿＿＿＿＿＿＿。

＿＿＿＿＿＿＿＿＿＿＿＿＿＿＿＿＿＿。

5. な형용사를 활용별로 보기와 같이 완성하세요.

보기 ↓	静_{しず}かだ 조용하다	便利_{べんり}だ 편리하다	有名_{ゆうめい}だ 유명하다	好_すきだ 좋아하다
	静かです 조용합니다			
	静かでは ありません 조용하지 않습니다			
	静かでした 조용했습니다			
	静かでは ありませんでした 조용하지 않았습니다			
	静かな 部屋_{へや} 조용한 방	交通_{こうつう} 교통	歌手_{かしゅ} 가수	人_{ひと} 사람
	静かに 조용히, 조용하게			
	静かで 조용하고			

にぎやかだ 번화하다 | 街_{まち} 거리 | 親切_{しんせつ}だ 친절하다 | 有名_{ゆうめい}だ 유명하다 |

歌手_{かしゅ} 가수 | 簡単_{かんたん}だ 간단하다 | 元気_{げんき}だ 건강하다

여러 가지 な형용사

な형용사 어휘 정리

静<small>しず</small>かだ	조용하다		簡単<small>かんたん</small>だ	간단하다
まじめだ	성실하다, 진지하다		新鮮<small>しんせん</small>だ	신선하다
親切<small>しんせつ</small>だ	친절하다		有名<small>ゆうめい</small>だ	유명하다
にぎやかだ	번화하다		重要<small>じゅうよう</small>だ	중요하다
便利<small>べんり</small>だ	편리하다		だめだ	안 된다
不便<small>ふべん</small>だ	불편하다		元気<small>げんき</small>だ	건강하다
楽<small>らく</small>だ	편안하다, 쉽다		大丈夫<small>だいじょうぶ</small>だ	괜찮다
きれいだ	예쁘다, 깨끗하다		丈夫<small>じょうぶ</small>だ	튼튼하다
暇<small>ひま</small>だ	한가하다		ハンサムだ	잘생기다, 핸섬하다
すてきだ	멋지다, 근사하다		心配<small>しんぱい</small>だ	걱정이다

好^すきだ	좋아하다	嫌^{きら}いだ	싫어하다
上手^{じょう ず}だ	잘하다, 능숙하다	下手^{へ た}だ	잘 못하다, 서투르다
得意^{とく い}だ	잘하다, 제일 자신 있다	苦手^{にが て}だ	잘 못하다, 질색이다

※ **〜が 好きだ** 〜을(를) 좋아하다
예 私^{わたし}は サッカーが 好きです。

〜が 嫌いだ 〜을(를) 싫어하다
예 私は サッカーが 嫌いです。

〜が 上手だ 〜을(를) 잘하다
예 私は 料理^{りょう り}が 上手です。

〜が 下手だ 〜을(를) 못하다
예 私は 料理が 下手です。

〜が 得意だ 〜을(를) 잘하다
예 私は 英語^{えい ご}が 得意です。

〜が 苦手だ 〜을(를) 못하다
예 私は 英語が 苦手です。

サッカー 축구 | 料理りょうり 요리 | 英語えいご 영어

독해·작문

 읽어 봅시다!

 Track 49

> キムさんとワンさんは学校の友達です。
>
> クラスの中で一番仲がいいです。
>
> 二人はとても親しいですが、好みはぜんぜん違います。
>
> キムさんは辛い料理が好きですが、ワンさんは嫌いです。
>
> キムさんは野球とかサッカーが好きですが、
>
> ワンさんは読書とか散歩の方が好きです。

友達ともだち 친구 | クラス (학교의) 반, 클래스(class) | 〜の 中なかで 〜중에서 | 仲なかが いい 사이가 좋다 |

二人ふたり 두 사람 | 親したしい 친하다 | 好このみ 취향 | ぜんぜん 違ちがいます 전혀 다릅니다 |

辛からい 맵다 | 野球やきゅう 야구 | 〜が 〜(이)지만 (접속조사) | 〜とか 〜라든가 | 読書どくしょ 독서 |

散歩さんぽ 산책

 일본어로 써 봅시다!

1. 아주 성실한 학생이군요.

_____

2. 이 가게는 조용하고 깨끗하군요.

_____

3. 교통은 편리했습니까? / 아니요, 별로 편리하지 않았습니다.

_____

정답 1. とてもまじめな 学生(がくせい)ですね。　2. この 店(みせ)は 静(しず)かで、きれいですね。
3. 交通(こうつう)は 便利(べんり)でしたか。 / いいえ、あまり 便利(べんり)ではありませんでした。

한자 연습

한자 즐기기

써 봅시다!

ちゅうごく ご **中国語** 중국어	中国語			
こう つう **交通** 교통	交通			
へ や **部屋** 방	部屋			
しゃ しん **写真** 사진	写真			
か しゅ **歌手** 가수	歌手			
や きゅう **野球** 야구	野球			

듣기 연습

A. 두 사람의 대화를 듣고 木村 씨는 어떤 여성을 좋아하는지 1~4 중에서 고르세요.

Track 50

1)   2)   3)   ц)

정답 (   )

B. 내용을 잘 듣고 그림과 일치하면 ○, 일치하지 않으면 ×를 넣으세요.   Track 51

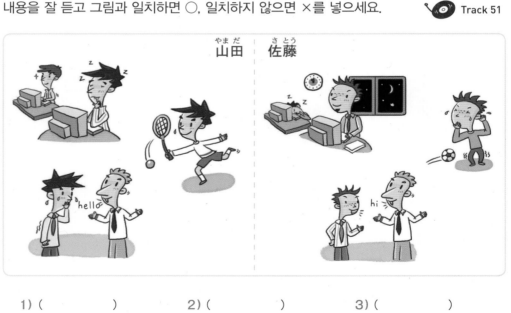

1) (   )   2) (   )   3) (   )

Track 52

1. 형용사의 현재형 질문

→ ~は どうですか。 ~은(는) 어떻습니까?

예 日本語の 勉強は どうですか。 일본어 공부는 어떻습니까?

→ ① とても おもしろいです。 참 재미있습니다.

② あまり おもしろく ありません。 별로 재미없습니다.

(= あまり おもしろく ないです。)

③ おもしろいですが、ちょっと 難しいです。 재미있지만, 좀 어렵습니다.

④ おもしろくて 簡単です。 재미있고 간단합니다.

2. 과거형 질문

→ ~は どうでしたか。 ~은(는) 어땠습니까?

예 映画は どうでしたか。 영화는 어땠습니까?

→ ① とても おもしろかったです。 참 재미있었습니다.

② あまり おもしろく ありませんでした。 별로 재미없었습니다.

(= あまり おもしろく なかったです。)

| 아래 낱말을 써서 밑줄 친 부분과 바꿔서 말해 보세요. |

この 本ほん 이 책 | その 映画えいが 그 영화 | 旅行りょこう 여행 | テスト 시험 | 天気てんき 날씨 |

こわい 무섭다 | 悲かなしい 슬프다 | 楽たのしい 즐겁다 | 難むずかしい 어렵다 | いい 좋다

※ いい의 과거 / 과거 부정 → よかったです / よく ありませんでした (= よく なかったです)

쉬어가기

● 일본의 주택 형태와 구조

　　일본의 주택은 크게 단독주택, 맨션, 아파트로 나눌 수 있는데, 맨션과 아파트를 구분하는 방법이 우리나라와는 조금 다릅니다. 철근과 콘크리트로 지은 중, 고층의 주택을 맨션이라고 하고, 경량 철골을 사용한 저층의 목조 주택을 아파트라고 합니다.

맨션 ▶

▲ 아파트

　　집의 구조를 나타낼 때는 3LDK와 같이 말합니다. 이는 방 세 개(3)와 거실(Living room), 식사 공간(Dining room), 부엌(Kitchen)이 있다는 뜻입니다. 방의 크기는 너비 90cm, 길이 180cm의 다다미(畳) 면적을 기준으로 말합니다. 예를 들어 다다미 6장 크기의 방을 말할 때는 '6조 방'이라고 합니다.

다다미 6조 방 ▶

일본식 방에는 '도코노마(床の間)'라고 하여 방 한쪽에 바닥보다 조금 높은 공간을 만들어 벽에는 족자를 걸고 꽃이나 장식물을 장식하는데, 보통 손님을 맞이하는 응접실을 이렇게 꾸밉니다. 그리고 4면의 벽 중 한 곳에 '오시이레(押入れ)'라는 벽장을 두어 옷이나 이불 등을 수납합니다.

도코노마와 오시이레가 있는 일본식 방 ▶

다다미 방은 난방에 어려움이 있기 때문에 겨울철에는 전기히터가 딸린 테이블에 이불을 덮은 형태의 '고타쓰(こたつ)'라는 난방 기구를 사용합니다. 일본인들은 겨울이 되면 온 가족이 고타쓰 둘레에 모여 앉아 과일을 먹기도 하고 차를 마시며 생활합니다.

고타쓰에 둘러앉은 가족 ▶

10

日本語学校はどこですか。
일본어 학교는 어디입니까?

> 우리 학교는 역 근처에 있습니다.
> S은행 옆에 있습니다.
> 학교 앞에는 공원이 있습니다.
> 사토 씨는 지금 공원에 있습니다.

うちの 学校は 駅の 近くに あります。
S銀行の 隣に あります。
学校の 前には 公園が あります。
佐藤さんは 今 公園に います。

🎵 Track 54

イ　　　　あの、すみません。ダイスキ日本語<ruby>学校<rt>に ほん ご がっこう</rt></ruby>は どこですか。

キム　　　あの <ruby>銀行<rt>ぎんこう</rt></ruby>の <ruby>隣<rt>となり</rt></ruby>に あります。

　　　　　<ruby>私<rt>わたし</rt></ruby>は その <ruby>学校<rt>がっこう</rt></ruby>の <ruby>学生<rt>がくせい</rt></ruby>ですが…。

イ　　　　あ、そうですか。

　　　　　ひとクラスに 学生は <ruby>何人<rt>なんにん</rt></ruby>ぐらい いますか。

キム　　　<ruby>約15人<rt>やくじゅうご</rt></ruby>ぐらい います。

イ　　　　そうですか。<ruby>受付<rt>うけつけ</rt></ruby>は <ruby>何階<rt>なんがい</rt></ruby>に ありますか。

キム　　　<ruby>一階<rt>いっかい</rt></ruby>に あります。

イ　　　　ありがとうございました。

学校がっこう 학교 | どこ 어디 | 銀行ぎんこう 은행 | 隣となり 옆, 이웃 | [장소] + に ~에 |

あります 있습니다 (무생물) | ひとクラス 한 반 | 何人なんにん 몇 명 | ~ぐらい ~정도 | 約やく 약~ |

受付うけつけ 접수처, 카운터 | 何階なんがい 몇 층 | 一階いっかい 1층 |

ありがとうございました 감사합니다 (과거) |

문법 포인트

1 あります・います 있습니다

	긍정문	부정문
사물·식물	あります	ありません
사람·동물	います	いません

2 위치 명사

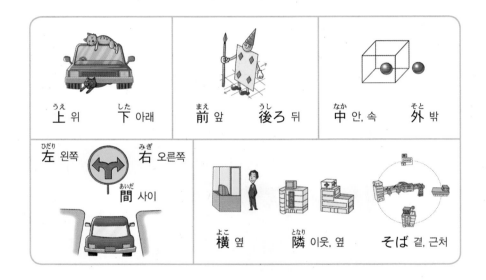

上 위 　 下 아래

前 앞 　 後ろ 뒤

中 안, 속 　 外 밖

左 왼쪽 　 右 오른쪽

間 사이

横 옆 　 隣 이웃, 옆 　 そば 곁, 근처

3 ～に + あります・います ～에 + 있습니다

本屋は どこに ありますか。

山田さんは どこに いますか。

かばんは 椅子の 上に あります。

128

4 ～の ～に ～が あります・います　～의 ～에 ～이(가) 있습니다

<ruby>机<rt>つくえ</rt></ruby>の <ruby>上<rt>うえ</rt></ruby>に <ruby>辞書<rt>じしょ</rt></ruby>が あります。

<ruby>教室<rt>きょうしつ</rt></ruby>の <ruby>中<rt>なか</rt></ruby>に <ruby>学生<rt>がくせい</rt></ruby>が います。

<ruby>公園<rt>こうえん</rt></ruby>の <ruby>後<rt>うし</rt></ruby>ろに <ruby>山<rt>やま</rt></ruby>が あります。

5 横・隣・そば　옆, 이웃, 곁

<ruby>本棚<rt>ほんだな</rt></ruby>の <ruby>横<rt>よこ</rt></ruby>に テレビが あります。

デパートの <ruby>隣<rt>となり</rt></ruby>に <ruby>銀行<rt>ぎんこう</rt></ruby>が あります。

コンビニは <ruby>駅<rt>えき</rt></ruby>の そばに あります。

本屋ほんや 서점, 책방 | かばん 가방 | 椅子いす 의자 | 上うえ 위 | 机つくえ 책상 | 辞書じしょ 사전 |

教室きょうしつ 교실 | 公園こうえん 공원 | 山やま 산 | 本棚ほんだな 책장 | 横よこ 옆 | テレビ 텔레비전 |

デパート 백화점 | 隣となり 옆, 이웃 | 銀行ぎんこう 은행 | コンビニ 편의점 | 駅えき 역 | そば 곁, 옆

패턴 연습

1.

보기

映画館_{えいがかん}・あそこ

映画館は どこですか。
→ あそこです。

1)
トイレ・ここ

_____は どこですか。
→ _____です。

2)
デパート・あそこ

_____は どこですか。
→ _____です。

3)
病院_{びょういん}・あそこ

_____は どこですか。
→ _____です。

4)
会議室_{かいぎしつ}・そこ

_____は どこですか。
→ _____です。

映画館えいがかん 영화관 | トイレ 화장실 | デパート 백화점 | 病院びょういん 병원 |

会議室かいぎしつ 회의실

2.

보기

机・上
<small>つくえ・うえ</small>

りんごは どこに ありますか。

→ <u>机の 上に あります。</u>

---

1)

椅子・下
<small>いす・した</small>

猫は どこに いますか。
<small>ねこ</small>

→ _____。

---

2)

山田さん・隣
<small>やまだ・となり</small>

キムさんは どこに いますか。

→ _____。

---

3)

学校・前
<small>がっこう・まえ</small>

車は どこに ありますか。
<small>くるま</small>

→ _____。

---

4)

かばん・中
<small>なか</small>

辞書は どこに ありますか。
<small>じしょ</small>

→ _____。

📝 椅子いす 의자 | 猫ねこ 고양이 | 隣となり 옆, 이웃 | 学校がっこう 학교 | 車くるま 차, 자동차 | かばん 가방 |

辞書じしょ 사전

패턴 연습

3.

1) 机<ruby>つくえ</ruby>の (　　　　　　)に 眼鏡<ruby>めがね</ruby>が あります。

2) 椅子<ruby>いす</ruby>の (　　　　　　)に 新聞<ruby>しんぶん</ruby>が あります。

3) ノートは かばんの (　　　　　　)に (　　　　　　)。

4) ベッドの (　　　　　　)に 雑誌<ruby>ざっし</ruby>が あります。

5) 猫<ruby>ねこ</ruby>は テレビの (　　　　　　)に (　　　　　　)。

6) (　　　　　　)は テレビの 上<ruby>うえ</ruby>に あります。

7) 箱<ruby>はこ</ruby>の (　　　　　　)に 靴<ruby>くつ</ruby>が あります。

8) 本棚<ruby>ほんだな</ruby>は テレビの (　　　　　　)に あります。

机つくえ 책상 | 眼鏡めがね 안경 | 椅子いす 의자 | 新聞しんぶん 신문 | ノート 노트(note) | ベッド 침대(bed) |

雑誌ざっし 잡지 | 猫ねこ 고양이 | テレビ 텔레비전 | 箱はこ 상자 | 靴くつ 신발, 구두 | 本棚ほんだな 책장

Track 55

📖 **읽어 봅시다!**

> 木村さんの家は、イデ駅のそばにあります。
>
> 部屋は広くて、とてもきれいです。
>
> 部屋の中に、本棚やテレビやテーブルなどがあります。
>
> テーブルの上には、本とノートがあります。
>
> そして、椅子の下に猫がいっぴきいます。

家 いえ 집 | イデ駅 えき 이대 역 | そば 곁, 근처, 옆 | 部屋 へや 방 | 広 ひろい 넓다 |

きれいだ 깨끗하다, 예쁘다 | 本棚 ほんだな 책장 | テーブル 테이블(table) | ～や ～や ～など ～랑 ～랑 ～등 |

そして 그리고 | いっぴき 한 마리

✏️ **일본어로 써 봅시다!**

1. 저, 실례합니다. 백화점은 어디입니까? / 저기입니다.

_____

2. 시계는 어디에 있습니까? / 책상 위에 있습니다.

_____

3. 공원 앞에 차가 있습니다.

_____

정답 1. あの、すみません。デパートは どこですか。/ あそこです。
2. 時計(とけい)は どこに ありますか。/ 机(つくえ)の 上(うえ)に あります。
3. 公園(こうえん)の 前(まえ)に 車(くるま)が あります。

한자 연습

한자 즐기기

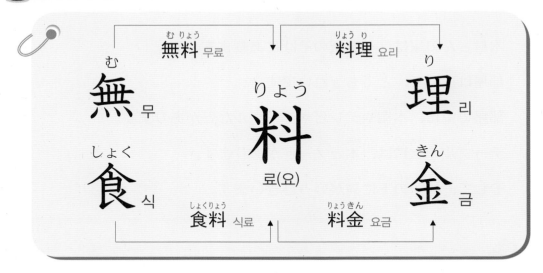

	無料 무료	料理 요리
無 무	**料** りょう	**理** 리
食 식	료(요)	**金** 금
	食料 식료	料金 요금

써 봅시다!

こう えん 公園 공원	公園		
きょう しつ 教室 교실	教室		
うけ つけ 受付 접수처, 카운터	受付		
えき 駅 역	駅		
いえ・うち 家 집	家		
ほん だな 本棚 책장	本棚		

듣기 연습

A. 내용을 듣고 빈칸에 올바른 말을 넣어 문장을 완성하세요. Track 56

1) スーパーは どこ ［　　　　　　］ ありますか。

2) 学校（がっこう）［　　　　　］ 前（まえ）［　　　　　］ 車（くるま）［　　　　　］ あります。

3) キムさんは 教室（きょうしつ）に ［　　　　　］。

4) 椅子（いす）の ［　　　　　］ に 新聞（しんぶん）が あります。

B. 내용을 듣고 일치하면 ○, 일치하지 않으면 ✕를 넣으세요. Track 57

1) (　　　　) 2) (　　　　) 3) (　　　　) 4) (　　　　)

회화 플러스

Track 58

1. 좋아하는 타입

→ どんな タイプが 好^すきですか。 어떤 타입을 좋아합니까?

예 どんな タイプが 好きですか。 어떤 타입을 좋아합니까?

→ ① まじめで 優^{やさ}しい タイプが 好きです。 성실하고 자상한 타입을 좋아합니다.

② 背^せが 高^{たか}くて ハンサムな タイプが 好きです。
키가 크고 잘 생긴 타입을 좋아합니다.

| 아래 낱말을 써서 밑줄 친 부분과 바꿔서 말해 보세요. |

背せが 低ひくい 키가 작다 | かわいい 귀엽다 | おもしろい 재미있다 | 明あかるい 밝다 |

髪かみが 長ながい 머리가 길다 | 髪が 短みじかい 머리가 짧다 | 性格せいかくが いい 성격이 좋다 |

頭あたまが いい 머리가 좋다 | 目めが 大おおきい 눈이 크다 | 親切しんせつだ 친절하다 |

楽らくだ 편안하다 | きれいだ 예쁘다, 깨끗하다 | 男おとこらしい 남자답다 | 女おんならしい 여성스럽다

2. 존재 여부(사람)

→ 彼氏^{かれし} いますか。 남자 친구 있습니까?

예 彼氏 いますか。 남자 친구 있습니까?

→ ① はい、います。 예, 있습니다.

② いいえ、いません。 아니요, 없습니다.

| 아래 낱말을 써서 밑줄 친 부분과 바꿔서 말해 보세요. |

彼女かのじょ 여자 친구 | 恋人こいびと 애인 | 日本人にほんじんの 友達ともだち 일본인 친구

● 도쿄의 전철

  일본, 특히 도쿄의 전철은 복잡하기로 유명합니다. 여러 노선이 얽혀 있고,
전철과 지하철이 구분되는데, 전철은 지상으로만 다니
고 지하철은 지하로만 다닙니다. 역의 이름이 같아도
전철인지 지하철인지에 따라 역의 입구가 달라질 수
있기 때문에, 일본 여행을 간다면 역의 이름뿐 아니라
전철 역인지 지하철 역인지도 확인해야 합니다.

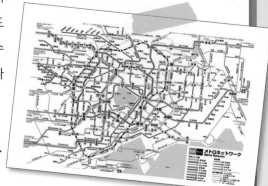

도쿄 지하철(도쿄 메트로) 노선도 ▶

  노선이 많은 만큼 노선을 운영하는 회사도 많기 때문에 운임의 계산 방식이나 환승이 매우 복잡
한 것도 사실입니다. 하지만 노선이 많다는 것은 그만큼 가는 곳도 많다는 것입니다. 내가 가야할
곳을 알고, 타야 하는 전철의 노선, 갈아타는 곳, 가는 방향을 확실하게 안다면 전철과 지하철을
이용하여 어디든 갈 수 있다는 장점도 있습니다.

  교통카드로는 일본 전국에서 사용이 가능한 선불식 교통카드인 '스이카(Suica) 카드', '파스모
(Pasmo) 카드' 외에 지역에 따라 사용 가능한 지역별 ic 카드가 있습니다. 지역별 ic 카드로는
간사이 지역의 '이코카(Ikoka) 카드', 홋카이도 지역의 '키타카(Kitaka) 카드', 규슈 지역
의 '스고카(Sugoka) 카드' 등이 있습니다.
모든 카드는 충전식으로 사용 가능하고, 카드
의 마크가 표시된 편의점이나 음식점에서도
사용할 수 있습니다.

▲ 스이카 카드

  일본 여행을 계획하고 있다면 가는 지역에
맞춰 가장 유용하게 사용할 수 있는 카드를
구입하는 것이 좋습니다.

11

<ruby>何人家族<rt>なんにんかぞく</rt></ruby>ですか。

몇 식구입니까?

포인트 스피치   Track 59

" 저는 아빠와 엄마와 형과 남동생과 나, 다섯 식구입니다.

저는 삼 형제이고, 남동생은 한 명밖에 없습니다.

형도 한 명뿐입니다.

형은 회사원이고 남동생은 대학생입니다.

<ruby>私<rt>わたし</rt></ruby>は <ruby>父<rt>ちち</rt></ruby>と <ruby>母<rt>はは</rt></ruby>と <ruby>兄<rt>あに</rt></ruby>と <ruby>弟<rt>おとうと</rt></ruby>と <ruby>私<rt>わたし</rt></ruby>の <ruby>5人家族<rt>ごにんかぞく</rt></ruby>です。

<ruby>私<rt>わたし</rt></ruby>は <ruby>3人兄弟<rt>さんきょうだい</rt></ruby>で、<ruby>弟<rt>おとうと</rt></ruby>は <ruby>一人<rt>ひとり</rt></ruby>しか いません。

<ruby>兄<rt>あに</rt></ruby>も <ruby>一人<rt>ひとり</rt></ruby>だけです。

<ruby>兄<rt>あに</rt></ruby>は <ruby>会社員<rt>かいしゃいん</rt></ruby>で、<ruby>弟<rt>おとうと</rt></ruby>は <ruby>大学生<rt>だいがくせい</rt></ruby>です。 "

Track 60

キム	木村さんは 何人家族ですか。
木村	6人家族です。
キム	何人兄弟ですか。
木村	4人兄弟です。兄が 二人と、妹が 一人 います。 キムさんは 何人家族ですか。
キム	家族は 3人しか いません。両親と 私の 3人だけです。
木村	それじゃ、キムさんは 一人っ子ですね。
キム	はい、そうです。木村さんは 兄弟が 多いですね。
木村	ええ、4人も いるので、車と 自転車が 2台ずつ あります。

何人なんにん 몇 명 | 家族かぞく 가족 | 6人ろくにん 여섯 명 | 兄弟きょうだい 형제 | 4人よにん 네 명 |

〜と 〜와(과) | 〜しか いません 〜밖에 없습니다 (부정) | 両親りょうしん 부모, 양친 | 〜だけ 〜뿐, 〜만 |

一人ひとりっ子こ 독자, 외둥이 | 多おおい 많다 | 〜も 〜(이)나, 〜도 | 〜ので 〜(이)니까, 〜(이)기 때문에 |

車くるま 차 | 自転車じてんしゃ 자전거 | 〜台だい 〜대 (자동차, 자전거 등을 세는 조수사) | 〜ずつ 〜씩

① 가족 관계

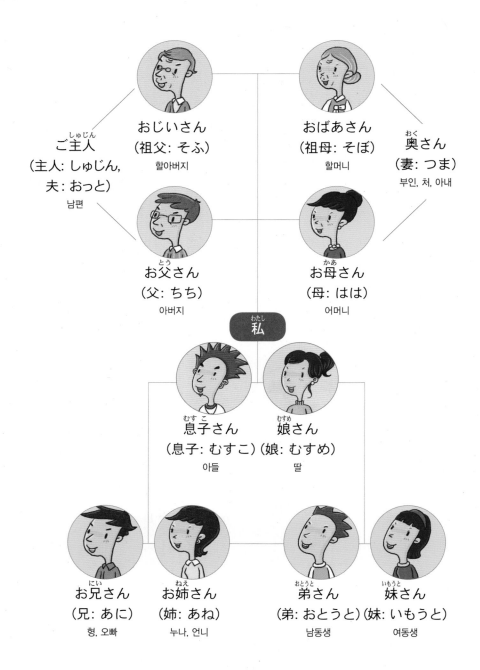

おじいさん
(祖父: そふ)
할아버지

おばあさん
(祖母: そぼ)
할머니

ご主人^{しゅじん}
(主人: しゅじん,
夫: おっと)
남편

奥^{おく}さん
(妻: つま)
부인, 처, 아내

お父^{とう}さん
(父: ちち)
아버지

お母^{かあ}さん
(母: はは)
어머니

私^{わたし}

息子^{むすこ}さん
(息子: むすこ)
아들

娘^{むすめ}さん
(娘: むすめ)
딸

お兄^{にい}さん
(兄: あに)
형, 오빠

お姉^{ねえ}さん
(姉: あね)
누나, 언니

弟^{おとうと}さん
(弟: おとうと)
남동생

妹^{いもうと}さん
(妹: いもうと)
여동생

호칭	내 가족을 남에게 말할 때	남의 가족을 부를 때	나의 가족을 부를 때
할아버지	祖父 <small>そ ふ</small>	おじいさん	おじいさん
할머니	祖母 <small>そ ぼ</small>	おばあさん	おばあさん
아버지	父 <small>ちち</small>	お父さん <small>とう</small>	お父さん <small>とう</small>
어머니	母 <small>はは</small>	お母さん <small>かあ</small>	お母さん <small>かあ</small>
형 · 오빠	兄 <small>あに</small>	お兄さん <small>にい</small>	お兄さん <small>にい</small>
누나 · 언니	姉 <small>あね</small>	お姉さん <small>ねえ</small>	お姉さん <small>ねえ</small>
남동생	弟 <small>おとうと</small>	弟 さん <small>おとうと</small>	이름
여동생	妹 <small>いもうと</small>	妹 さん <small>いもうと</small>	이름

2 조수사 (사람 · 개수)

箱の 中に りんごが いつつ あります。
<small>はこ なか</small>

学校の 前に 女の人が 二人 います。
<small>がっこう まえ おんな ひと ふたり</small>

山田さんは お姉さんが 一人、お兄さんが 二人 います。
<small>やま だ ひとり</small>

 箱はこ 상자 | 中なか 안, 속 | りんご 사과 | 前まえ 앞 | 女おんなの人ひと 여자

문법 포인트

3 ~しか いません(ありません) ~밖에 없습니다
　　 ~だけです ~뿐입니다

~しか いません(ありません)	~だけです
예1 男の人は ひとりしか いません。	예1 男の人は ひとりだけです。
예2 お金は 1000円しか ありません。	예2 お金は 1000円だけです。
예3 机は ひとつしか ありません。	예3 机は ひとつだけです。

4 ~ので ~(이)니까, ~(이)기 때문에

① 명사 + なので

예 今日は 休みなので、田中さんは 家に いるでしょう。

② な형용사 : だ + なので

예 ここは 交通が 便利なので、家賃が 高いです。

③ い형용사 + ので

예 お金が あまり ないので、大変です。

④ 동사 + ので

예 明日は 大事な 約束が あるので、無理です。

男おとこの人ひと 남자 | お金かね 돈 | 机つくえ 책상 | 休やすみ 휴식, 휴일 | 家うち/いえ 집 |

交通こうつう 교통 | 家賃やちん 집세 | 大変たいへんだ 힘들다 | 大事だいじだ 중요하다 |

約束やくそく 약속 | 無理むりだ 무리이다

조수사 정리

예 〜人(にん)

ひとり	ふたり	さんにん	よにん	ごにん
ろくにん	しちにん	はちにん	きゅうにん	じゅうにん

예 〜개

ひとつ	ふたつ	みっつ	よっつ	いつつ
むっつ	ななつ	やっつ	ここのつ	とお

예 〜枚(まい)

いちまい	にまい	さんまい	よんまい	ごまい
ろくまい	ななまい	はちまい	きゅうまい	じゅうまい

예 〜匹(ひき)

いっぴき	にひき	さんびき	よんひき	ごひき
ろっぴき	ななひき	はっぴき	きゅうひき	じゅっぴき

예 〜杯(はい)

いっぱい	にはい	さんばい	よんはい	ごはい
ろっぱい	ななはい	はっぱい	きゅうはい	じゅっぱい

예 〜本(ほん)

いっぽん	にほん	さんぼん	よんほん	ごほん
ろっぽん	ななほん	はっぽん	きゅうほん	じゅっぽん

예 〜階(かい)

いっかい	にかい	さんがい	よんかい	ごかい
ろっかい	ななかい	はっかい	きゅうかい	じゅっかい

예 〜台(だい)

いちだい	にだい	さんだい	よんだい	ごだい
ろくだい	ななだい	はちだい	きゅうだい	じゅうだい

패턴 연습

1.

보기

机・上・りんご
_{つくえ} _{うえ}

→ 机の 上に りんごが ふたつ あります。

1)

椅子・下・新聞
_{いす} _{した} _{しんぶん}

→ _____。

2)

皿・上・かき
_{さら}

→ _____。

3)

机・上・鉛筆
_{えんぴつ}

→ _____。

4)

食堂・中・人
_{しょくどう} _{なか} _{ひと}

→ _____。

 机つくえ 책상 | りんご 사과 | 椅子いす 의자 | 新聞しんぶん 신문 | 皿さら 접시 | かき 감 |

鉛筆えんぴつ 연필 | 食堂しょくどう 식당 | 人ひと 사람

2.

（ふたり）　　　＋　　　　（ごにん）　　　＝　　　　（しちにん）

1)

（　　　）　　　　　（　　　　）　　　　　（　　　　）

2)

（　　　）　　　　　（　　　　）　　　　　（　　　　）

3)

（　　　）　　　　　（　　　　）　　　　　（　　　　）

ц)

（　　　）　　　　　（　　　　）　　　　　（　　　　）

독해·작문

 읽어 봅시다! Track 61

私の家族を紹介します。父と母と兄と私の4人家族です。

父は５８歳で、医者です。父は背が高くてハンサムです。

母は５５歳で、主婦です。とてもきれいで、優しいです。

兄は３０歳で、銀行員です。頭がよくてまじめです。

兄は彼女が日本人なので、日本語が上手です。

紹介しょうかい 소개 | します 합니다 | 医者いしゃ 의사 | 背せが 高たかい 키가 크다 |

ハンサムだ 잘생기다 | 主婦しゅふ 주부 | 優やさしい 자상하다, 상냥하다 | 銀行員ぎんこういん 은행원 |

頭あたまが いい 머리가 좋다 | まじめだ 성실하다 | 彼女かのじょ 그녀, 여자 친구 | 上手じょうずだ 잘하다

일본어로 써 봅시다!

1. 책상 위에 사과가 네 개 있습니다.

_____

2. 의자는 한 개밖에 없습니다.

_____

3. 교실 안에 학생이 네 명 있습니다.

_____

정답 1. 机(つくえ)の 上(うえ)に りんごが よっつ あります。
2. 椅子(いす)は ひとつしか ありません。
3. 教室(きょうしつ)の 中(なか)に 学生(がくせい)が 4人(よにん) います。

한자 즐기기

써 봅시다!

かぞく 家族 가족	家族		
きょうだい 兄弟 형제	兄弟		
りょうしん 両親 부모, 양친	両親		
はこ 箱 상자	箱		
ちち 父 아버지	父		
はは 母 어머니	母		

듣기 연습

A. 야마다 씨의 가족을 바르게 설명한 것은 어느 것인지 고르세요.

 Track 62

1)

2)

3)

ц)

정답 (   )

B. 내용을 듣고 일치하면 ○, 일치하지 않으면 ×를 넣으세요.

 Track 63

1)

(   )

2)

(   )

3)

(   )

ц)

(   )

회화 플러스

Track 64

1. 가족 수

→ **何人家族ですか。**
なんにん か ぞく

몇 식구입니까?

예 何人家族ですか。 몇 식구입니까?

→ 父と 母と 姉と 妹と 私の 5人家族です。
ちち　はは　あね　いもうと　わたし　　　ご

아빠와 엄마와 누나와 여동생과 나, 다섯 식구입니다.

| 아래 낱말을 써서 밑줄 친 부분과 바꿔서 말해 보세요. |

祖父そふ 할아버지 | 祖母そぼ 할머니 | 兄あに 형, 오빠 | 弟おとうと 남동생 | 夫おっと 남편 | 妻つま 처 |

息子むすこ 아들 | 娘むすめ 딸

2. 혈액형

→ **血液型は 何型ですか。**
けつえきがた　なにがた

혈액형이 뭡니까?

예 血液型は 何型ですか。 혈액형이 뭡니까?

→ B型です。 B형입니다.

| 아래 낱말을 써서 밑줄 친 부분과 바꿔서 말해 보세요. |

A型がた A형 | O型がた O형 | AB型がた AB형

● 도쿄의 번화가

도쿄 하면 바로 '신주쿠(新宿)'를 많이 떠올릴 것입니다. 신주쿠는 도쿄 최대의 번화가로 비즈니스, 쇼핑, 교통의 중심지이며, '가부키쵸(歌舞伎町)'라는 유흥의 거리로도 유명합니다.

신주쿠는 크게 동쪽과 서쪽으로 나뉘는데, 동쪽 '히가시신주쿠(東新宿)'는 젊은이들의 거리로 쇼핑과 유흥을 즐길 수 있고, 서쪽 '니시신주쿠(西新宿)'는 오피스 타운으로 고층 빌딩과 호텔들이 밀집해 있습니다. 호텔 스카이라운지에서 즐기는 야경 역시 신주쿠의 명물이라 할 수 있습니다.

니시신주쿠 ▶

▲ 가부키쵸

도쿄에서 젊은이들의 거리라 하면 '하라주쿠(原宿)'와 '시부야(渋谷)'를 빼놓을 수 없습니다. 이 두 지역은 서로 인접해 있으며 신주쿠와 함께 도쿄의 중심을 순환하는 야마노테센(山手線)으로 연결되어 있습니다.

신주쿠　　　요요기　　　하라주쿠　　　시부야

하라주쿠의 중심 거리인 '다케시타도리(竹下通り)'는 약 400m의 좁은 골목으로, 골목 양 옆으로 많은 패션 숍과 음식점이 있어 항상 인산인해를 이루고 있습니다.

다케시타도리 ▶

하라주쿠에서 시부야까지는 '메이지도리(明治通り)'를 통해 연결되어 있는데, 이 메이지도리 역시 일본과 해외의 여러 브랜드숍이 자리 잡고 있는 유명한 쇼핑 거리입니다.

시부야 역에는 '하치코(ハチ公)'라는 충견 하치의 동상이 있는데, 하치코 동상 앞은 만남의 장소로 매우 유명합니다.

◀ 하치코 동상

시부야는 여러 백화점은 물론 대형 쇼핑몰과 레스토랑이 밀집되어 있어 신주쿠, 이케부쿠로와 더불어 도쿄의 3대 번화가에 속합니다. 시부야에서 유명한 '스크램블 교차로(スクランブル交差点)'는 신호가 바뀌면 차들이 모두 멈추고 보행자가 한번에 길을 건너는 장관이 펼쳐지는데, 이 장관을 볼 수 있는 위치에 자리한 한 커피 전문점은 창가 자리를 잡기 위한 줄이 끊이지 않는다고 합니다.

스크램블 교차로 ▶

12

友達と 一緒に 映画を 見ます。

친구와 함께 영화를 봅니다.

> 오늘은 여동생의 생일이기 때문에 가족과 파티를 합니다.
> 어제는 엄마와 함께 여동생의 구두와 가방을 샀습니다.
> 파티 후에는 영화관에서 함께 영화를 볼 겁니다.

今日は 妹の 誕生日なので、家族と パーティーを します。
昨日は 母と 一緒に 妹の 靴と かばんを 買いました。
パーティーの 後は 映画館で 一緒に 映画を 見ます。

Track 66

キム	青木さん、昨日は 何を しましたか。
青木	図書館で 勉強を しました。キムさんは？
キム	田中さんの 誕生日パーティーへ 行きました。
青木	今日は 何を しますか。
キム	友達と 一緒に 映画を 見ます。青木さんは 何を しますか。
青木	私は 今日も 勉強を します。 金曜日に 英語の インタビューテストが あります。
キム	そうですか。

昨日きのう 어제 | 何なに 무엇 | します 합니다 (과거：しました) | 図書館としょかん 도서관 |

[장소] ＋ で (장소)에서 | 勉強べんきょう 공부 | 誕生日たんじょうびパーティー 생일 파티 | ～へ[e] ～에 |

行いく 가다 (과거：行きました) | 友達ともだち 친구 | ～と 一緒いっしょに ～와(과) 함께 | ～も ～도, ～(이)나 |

金曜日きんようび 금요일 | 英語えいご 영어 | インタビューテスト 인터뷰 시험(interview test)

문법 포인트

1 동사의 기본 활용(ます형)

1그룹 동사 **(5단동사)**	〈u단 → i단 + ます〉 ① る로 끝나되 바로 앞이 a·u·o단인 경우 　예　わかる　つくる　のる… 　　　k+a　　k+u　　n+o ② る로 끝나지 않는 모든 동사 　（う く ぐ す つ ぬ ぶ む） 　예　会う 行く 話す 飲む …	行く－いきます 飲む－のみます 待つ－まちます ある－あります 作る－つくります ★ 帰る－かえります
	③ 형태는 2그룹, 활용은 1그룹 (예외 5단동사) 　예　帰る　入る …	
2그룹 동사 **(상1단동사** **하1단동사)**	〈る + ます〉 る로 끝나되 바로 앞이 i단, e단인 경우 　예　見る 食べる いる 寝る… 　　　m+i　b+e　　i　　n+e	見る－みます 食べる－たべます 起きる－おきます 寝る－ねます
3그룹 동사 **(カ행변격동사** **サ행변격동사)**	2개뿐이므로 암기할 것! 　예　来る 오다　する 하다	来る－きます する－します

ます형의 활용

기본형		예 行く 가다
현재형	～ます	예 行きます 갑니다
과거형	～ました	예 行きました 갔습니다
부정형	～ません	예 行きません 가지 않습니다
과거부정형	～ませんでした	예 行きませんでした 가지 않았습니다

★ ます형의 현재형은 미래형도 포함한다.
　예　明日は 友達と 映画を 見ます。

※ ます형 활용 연습 (해답 158쪽)

기본형	뜻	종류	～ます ～합니다	～ました ～했습니다	～ません ～하지 않습니다	～ませんでした ～하지 않았습니다
買う	사다					
会う	만나다					
行く	가다					
書く	쓰다					
話す	이야기하다					
待つ	기다리다					
遊ぶ	놀다					
飲む	마시다					
読む	읽다					
乗る	타다					
帰る	돌아오다(가다)					
見る	보다					
食べる	먹다					
起きる	일어나다					
寝る	자다					
教える	가르치다					
来る	오다					
する	하다					

2 ～へ[e]　～에, ～로 + 동작성 동사 (行く・来る・帰る)

家族と 一緒に デパートへ 行きました。

いつ 韓国へ 来ましたか。

１１時に 家へ 帰ります。

3 ～ます / ～ません　～합니다 / ～(하)지 않습니다(안 합니다)

私は 毎朝 ７時に 起きます。

日曜日に 日本へ 行きます。

キムさんは お酒を 飲みません。

4 ～ました / ～ませんでした　～했습니다 / ～(하)지 않았습니다

今日は 朝早く 起きました。

木村さんの 誕生日なので プレゼントを 買いました。

昨日は 日本語の 勉強を しませんでした。

5 장소 ＋ で ～에서

部屋で 音楽を 聞きます。

図書館で 本を 読みます。

学校の 前で 友達に 会いました。

> **Tip**
>
> 会う 만나다 · 乗る 타다
>
> 예 友達に 会う (○) 친구를 만나다 / 友達を 会う (×)
>
> 車に 乗る (○) 차를 타다 / 車を 乗る (×)

家族かぞく 가족 | ～と 一緒いっしょに ～와(과) 함께 | デパート 백화점 | 韓国かんこくへ 来くる 한국에 오다 |

家うちへ 帰かえる 집에 돌아오(가)다 | 毎朝まいあさ 매일 아침 | 起おきる 일어나다 | 日曜日にちようび 일요일 |

お酒さけを 飲のむ 술을 마시다 | 朝あさ 아침 | 早はやく 일찍, 빨리 | 誕生日たんじょうび 생일 |

プレゼント 선물(present) | 買かう 사다 | 昨日きのう 어제 | 勉強べんきょう 공부 | 部屋へや 방 |

音楽おんがくを 聞きく 음악을 듣다 | 図書館としょかん 도서관 | 本ほんを 読よむ 책을 읽다 |

学校がっこう 학교 | ～に 会あう ～을(를) 만나다

문법 포인트

※ ます형 활용 연습 해답

기본형	뜻	종류	～ます ～합니다	～ました ～했습니다	～ません ～하지 않습니다	～ませんでした ～하지 않았습니다
買う	사다	1그룹 동사 （5단동사）	買います	買いました	買いません	買いませんでした
会う	만나다		会います	会いました	会いません	会いませんでした
行く	가다		行きます	行きました	行きません	行きませんでした
書く	쓰다		書きます	書きました	書きません	書きませんでした
話す	이야기하다		話します	話しました	話しません	話しませんでした
待つ	기다리다		待ちます	待ちました	待ちません	待ちませんでした
遊ぶ	놀다		遊びます	遊びました	遊びません	遊びませんでした
飲む	마시다		飲みます	飲みました	飲みません	飲みませんでした
読む	읽다		読みます	読みました	読みません	読みませんでした
乗る	타다		乗ります	乗りました	乗りません	乗りませんでした
帰る	돌아오다(가다)		帰ります	帰りました	帰りません	帰りませんでした
見る	보다	2그룹 동사 (상1단 하1단 동사)	見ます	見ました	見ません	見ませんでした
食べる	먹다		食べます	食べました	食べません	食べませんでした
起きる	일어나다		起きます	起きました	起きません	起きませんでした
寝る	자다		寝ます	寝ました	寝ません	寝ませんでした
教える	가르치다		教えます	教えました	教えません	教えませんでした
来る	오다	3그룹 (カ행 변격동사)	来ます	来ました	来ません	来ませんでした
する	하다	3그룹 (サ행 변격동사)	します	しました	しません	しませんでした

1.

보기

朝(あさ)ごはんを 食(た)べる

朝ごはんを <u>食べますか</u>。

→ はい、<u>食べます</u>。

いいえ、<u>食べません</u>。

---

1)

新聞(しんぶん)を 読(よ)む

新聞を ＿＿＿＿＿＿＿。

→ はい、＿＿＿＿＿＿＿。

いいえ、＿＿＿＿＿＿＿。

---

2)

音楽(おんがく)を 聞(き)く

音楽を ＿＿＿＿＿＿＿。

→ はい、＿＿＿＿＿＿＿。

いいえ、＿＿＿＿＿＿＿。

---

3)

映画(えいが)を 見(み)る

映画を ＿＿＿＿＿＿＿。

→ はい、＿＿＿＿＿＿＿。

いいえ、＿＿＿＿＿＿＿。

ч)

バスに 乗(の)る

バスに ＿＿＿＿＿＿＿。

→ はい、＿＿＿＿＿＿＿。

いいえ、＿＿＿＿＿＿＿。

新聞しんぶんを 読よむ 신문을 읽다 ｜ 音楽おんがくを 聞きく 음악을 듣다 ｜

映画えいがを 見みる 영화를 보다 ｜ バスに 乗のる 버스를 타다

패턴 연습

2.

보기

パンを 作<ruby>作<rt>つく</rt></ruby>る

パンを <u>作りましたか</u>。

→ はい、<u>作りました</u>。

いいえ、<u>作りませんでした</u>。

1) メールを 書<ruby>書<rt>か</rt></ruby>く

メールを ＿＿＿＿＿＿＿＿＿＿。

→ はい、＿＿＿＿＿＿＿＿＿＿。

いいえ、＿＿＿＿＿＿＿＿＿＿。

2) 買い物<ruby>物<rt>もの</rt></ruby>を する

買い物を ＿＿＿＿＿＿＿＿＿＿。

→ はい、＿＿＿＿＿＿＿＿＿＿。

いいえ、＿＿＿＿＿＿＿＿＿＿。

3) 英語<ruby>英語<rt>えい ご</rt></ruby>で 話<ruby>話<rt>はな</rt></ruby>す

英語で ＿＿＿＿＿＿＿＿＿＿。

→ はい、＿＿＿＿＿＿＿＿＿＿。

いいえ、＿＿＿＿＿＿＿＿＿＿。

4) 日本語<ruby>日本語<rt>に ほん ご</rt></ruby>を 教<ruby>教<rt>おし</rt></ruby>える

日本語を ＿＿＿＿＿＿＿＿＿＿。

→ はい、＿＿＿＿＿＿＿＿＿＿。

いいえ、＿＿＿＿＿＿＿＿＿＿。

パンを 作<ruby>作<rt>つく</rt></ruby>る 빵을 만들다 | メールを 書<ruby>書<rt>か</rt></ruby>く 메일을 쓰다 | 買<ruby>買<rt>か</rt></ruby>い物<ruby>物<rt>もの</rt></ruby>を する 쇼핑을 하다 |

英語<ruby>英語<rt>えいご</rt></ruby>で 話<ruby>話<rt>はなす</rt></ruby> 영어로 이야기하다 | 教<ruby>教<rt>おし</rt></ruby>える 가르치다

3.

보기

| の | に | で | を | へ | と | から | まで |

1) 昨日は 図書館(　　) レポートを 書きました。

2) 月曜日(　　) 金曜日(　　) 日本語学校で 勉強を します。

3) 木村さん(　　) 一緒に 映画(　　) 見ました。

4) 今日は 朝 6時(　　) 起きました。

5) 本屋の 前(　　) 友達(　　) 会いました。

6) キムさんは 来週の 月曜日に 中国(　　) 行きます。

7) キムさんは 英語(　　) 先生です。学校(　　) 英語を 教えます。

図書館としょかん 도서관 | レポートを 書かく 리포트(report)를 쓰다 |

日本語学校にほんごがっこう 일본어 학교 | 勉強べんきょう 공부 | 朝あさ 아침 | 起おきる 일어나다 |

本屋ほんや 서점 | 会あう 만나다 | 来週らいしゅう 다음 주

독해·작문

 읽어 봅시다!   Track 67

私は毎朝7時に起きます。私は朝ごはんを食べません。

今日は11時からテストでしたが、あまり勉強をしませんでした。

1時から4時まで図書館で本を読みました。

それから、田中さんに会いました。一緒に映画を見ました。

映画はとてもおもしろかったです。10時に家へ帰りました。

毎朝まいあさ 매일 아침 | 起おきる 일어나다 | 朝あさごはん 아침밥 | あまり 별로, 그다지 |

～に 会あう ～을(를) 만나다 | 家うちへ 帰かえる 집에 돌아오(가)다

✏️ 일본어로 써 봅시다!

1. 내일은 무엇을 합니까? / 친구와 영화를 봅니다.

_____

2. 어제는 무엇을 했습니까? / 학교에서 공부를 했습니다.

_____

3. 몇 시에 일어났습니까? / 7시 10분에 일어났습니다.

_____

정답 1. 明日（あした）は 何（なに）を しますか。／ 友達（ともだち）と 映画（えいが）を 見（み）ます。
2. 昨日（きのう）は 何（なに）を しましたか。／ 学校（がっこう）で 勉強（べんきょう）を しました。
3. 何時（なんじ）に 起（お）きましたか。／ 7時（しち じ）10分（じゅっぷん）に 起きました。

한자 연습

한자 즐기기

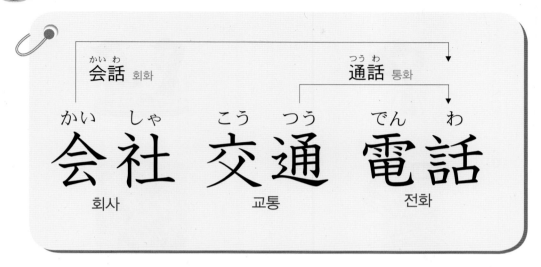

会話 회화　　通話 통화

かい　しゃ　　　こう　つう　　　でん　わ
会社　交通　電話

회사　　　　교통　　　　전화

써 봅시다!

と しょ かん 図書館 도서관	図書館			
まい あさ 毎朝 매일 아침	毎朝			
おん がく 音楽 음악	音楽			
ほん 本 책	本			
か　　もの 買い物 쇼핑	買い物			
きん よう び 金曜日 금요일	金曜日			

듣기 연습

A. 내용을 듣고 야마다 씨의 하루 일과를 순서대로 나열하세요. Track 68

1)

2)

3)

ㄴ)

(   ) - (   ) - (   ) - (   )

B. 내용을 듣고 일치하면 ○, 일치하지 않으면 ×를 넣으세요. Track 69

1)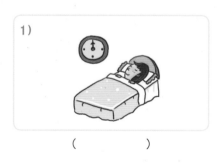

(   )

2)

(   )

3)

(   )

ㄴ)

(   )

회화 플러스

Track 70

1. 교통수단

→ 何に 乗りますか。
なに　　の

무엇을 탑니까?

예 会社へ 行く 時は 何に 乗りますか. 회사에 갈 때는 무엇을 탑니까?
かいしゃ　 い　　とき

→ 電車に 乗ります. 전철을 탑니다.
でんしゃ

| 아래 낱말을 써서 밑줄 친 부분과 바꿔서 말해 보세요. |

家うちへ 帰かえる 時とき 집에 돌아갈 때 | 学校がっこうへ 行いく 時とき 학교에 갈 때 |

出張しゅっちょうに 行いく 時とき 출장 갈 때 | 旅行りょこうに 行いく 時とき 여행 갈 때 |

バイトに 行いく 時とき 아르바이트하러 갈 때 | 車くるま 차 | 自転車じてんしゃ 자전거 |

地下鉄ちかてつ 지하철 | タクシー 택시 | バス 버스 | 船ふね 배 | 飛行機ひこうき 비행기

2. 내일 일정

→ 明日は 何を しますか。
あした

내일은 무엇을 합니까?

예 明日は 何を しますか. 내일은 무엇을 합니까?

→ 明日は 休みなので、家で ゆっくり 寝ます。
やす　　　　　いえ　　　　　　　ね

내일은 휴일이므로 집에서 푹 잘 겁니다.

| 아래 낱말을 써서 밑줄 친 부분과 바꿔서 말해 보세요. |

家族旅行かぞくりょこうに 行いく 가족여행을 가다 | コンサートへ 行いく 콘서트(concert)에 가다 |

勉強べんきょうを する 공부를 하다

● 일본의 유명 공원

요요기 공원(代々木公園)

　　도쿄 시부야구에 위치한 '요요기 공원'은 하라주쿠 역에서 약 5분 거리에 있으며, 국립 요요기 경기장과 '메이지진구(明治神宮)' 사이에 자리잡고 있습니다. 540.529㎡의 면적을 자랑하는 요요기 공원은 도쿄 내의 도시공원 중 다섯 번째에 해당하는 규모입니다. 요요기 공원은 시민들의 편안한 휴식처로 애견과 함께 산책을 즐기거나 한가로운 시간을 보내는 사람들을 쉽게 볼 수 있으며, 주말에는 벼룩시장이 열리기도 합니다. 도쿄의 활기 넘치는 지역에 위치해 쇼핑에 지친 몸을 쉬기 위해 찾는 사람들도 많으며, 하라주쿠와 가까운 만큼 코스프레를 한 젊은이들을 쉽게 만날 수도 있습니다. 아마추어 예술가나 일반인들이 자유롭게 공연하는 모습도 쉽게 볼 수 있습니다.

한가로이 시간을 보내는 사람들 ▶

▲ 일반인들의 자유로운 공연

우에노온시 공원(上野恩師公園)

　　도쿄 다이토구에 위치한 '우에노온시 공원'은 보통 '우에노 공원'이라 불리며, 우에노 역에서 약 3분 거리에 있습니다. 총면적 약 53만㎡의 우에노 공원에는 도쿄국립 박물관, 국립 서양 미술관, 국립과학 박물관, 우에노 동물원 등이 자리잡고 있어 외국인뿐만 아니라 일본인들도 자주 찾는 관광지라 할 수 있습니다.

▲ 우에노 공원 연못

우에노 공원에 위치한 '우에노 동물원'은 자이언트 판다를 볼 수 있는 곳으로도 유명합니다. 500종에 달하는 동물을 사육하고 있는 우에노 동물원은 550종을 사육하고 있는 나고야시의 '히가시야마(東山) 동식물원'에 이어 두 번째 규모입니다. 자이언트 판다 이외에도 현존하는 호랑이 중 가장 몸집이 작은 수마트라 호랑이와 일본 흑곰, 플라밍고 등 많은 동물을 만날 수 있습니다.

▲ 우에노 동물원 '자이언트 판다'

나라 공원(奈良公園)

나라현 나라시에 위치한 '나라 공원'은 660만㎡의 면적을 자랑하며, 공원 안에 유네스코 세계문화유산에 등록된 '도다이지(東大寺)'를 비롯하여, 주요 문화재인 '가스가타이샤(春日大社)'와 나라국립 박물관, 사슴이 자유롭게 돌아다니는 '사슴 공원' 등이 있습니다. 이처럼 볼거리가 많은 나라 공원은 수학여행을 온 일본 학생들을 비롯하여 국내외 관광객들이 끊이지 않습니다. 사슴 공원에는 1,100여 마리의 사슴이 있으며, 사슴들이 관광객이 주는 먹이를 받아먹기 위해 사람들을 따라다니는 모습을 쉽게 볼 수 있습니다. 사슴은 야생 사슴이기 때문에 안전을 위해 뿔을 자르긴 했지만, 야생성이 나올 수 있으므로 주의가 필요합니다.

▲ 사슴 공원

13 最近 寒く なりましたね。

さいきん さむ

요즘 추워졌네요.

포인트 스피치 Track 71

" 이 가게는 지난달에 잡지에 실렸습니다.

그래서 전보다 유명해졌습니다.

저는 다음 주에 여행 가기 때문에, 여기에 쇼핑하러 왔습니다.

전보다 서비스가 훨씬 좋아졌습니다.

この 店は 先月 雑誌に 載りました。

みせ せんげつ ざっし の

それで 前より 有名に なりました。

まえ ゆうめい

私は 来週 旅行に 行くので、ここに 買い物に 来ました。

わたし らいしゅう りょこう い か もの き

前より サービスが ずっと よく なりました。 "

まえ

Track 72

キム	最近 寒く なりましたね。
木村	ええ、本当に 寒く なりました。
キム	私は 昨日 デパートへ 買い物に 行きました。
木村	私も 昨日 デパートへ 行きました。
キム	そうですか。何か 買いましたか。
木村	はい、妹が 大学生に なるので かばんと 靴を 買いました。これは 妹の 写真です。
キム	わあ、本当に アヤさんですか。ずいぶん きれいに なりましたね。

最近さいきん 최근, 요즘 | 寒さむい 춥다 | 〜く なる 〜하게 되다, 〜해지다 | 本当ほんとうに 정말로 |

デパート 백화점 | 買かい物もの 쇼핑 | 〜に 行いく 〜하러 가다 | 何なにか 무언가, 무엇인지 |

妹いもうと 여동생 | 大学生だいがくせい 대학생 | [명사] ＋ に なる 명사+이(가) 되다 | 〜ので 〜(이)기 때문에 |

かばん 가방 | 靴くつ 신발, 구두 | 写真しゃしん 사진 | ずいぶん 꽤, 많이

문법 포인트

1 ～く なる・～に なる ～이(하게) 되다

명사	명사 + に なる	예 先生に なる 선생님이 되다
い형용사	い → く なる	예 暑い → 暑く なる 더워지다
な형용사	だ → に なる	예 便利だ → 便利に なる 편리해지다

キムさんは 大学生に なりました。

あの 店の サービスが よく なりました。

日本語が 上手に なりました。

2 동작성 명사 + に 行く / に 来る ～하러 가다 / ～하러 오다

デパートへ 買い物に 行きます。

キムさんと 旅行に 行きました。

私も この レストランへ 食事に 来ました。

③ 何か 무언가, 무엇인지 **/ 何が** 무엇이

① **A** 机の 中に 何か ありますか。

   B はい、あります。

② **A** 何が ありますか。

   B 本と ノートが あります。

[참고]

誰か 누군가 **/ 誰が** 누가

① **A** 教室の 中に 誰か いますか。

   B はい、います。

② **A** 誰が いますか。

   B 山田さんが います。

大学生だいがくせい 대학생 | **店**みせ 가게 | **サービス** 서비스(service) | **上手**じょうずだ 잘한다, 능숙하다 |

デパート 백화점 | **買かい物**もの 쇼핑 | **旅行**りょこう 여행 | **レストラン** 레스토랑(restaurant) |

食事しょくじ 식사 | **机**つくえ 책상 | **中**なか 안, 속 | **ノート** 노트(note) | **教室**きょうしつ 교실 | **誰**だれ 누구

패턴 연습

1.

보기

テストは 難_{むずか}しい。

→ テストは 難しく なりました。

1)

山田_{やまだ}さんは 背_せが 高_{たか}い。

→ 山田さんは _____。

2)

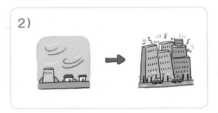

この 町_{まち}は にぎやかだ。

→ この 町は _____。

3)

キムさんは 会社員_{かいしゃいん}だ。

→ キムさんは _____。

4)

成績_{せいせき}が いい。

→ 成績が _____。

テスト 시험(test) | 背せが 高たかい 키가 크다 | 町まち 마을 | にぎやかだ 번화하다 | 成績せいせき 성적

2.

보기

友達（ともだち）・買（か）い物（もの）

→ 友達と 買い物に 行きます。

1)

家族（かぞく）・旅行（りょこう）

→ _____。

2)

恋人（こいびと）・花見（はなみ）

→ _____。

3)

犬（いぬ）・散歩（さんぽ）

→ _____。

4)

弟（おとうと）・運動（うんどう）

→ _____。

買かい物もの 쇼핑 | 家族かぞく 가족 | 旅行りょこう 여행 | 恋人こいびと 애인 | 花見はなみ 꽃구경, 꽃놀이 |

犬いぬ 개 | 散歩さんぽ 산책 | 弟おとうと 남동생 | 運動うんどう 운동

독해·작문

읽어 봅시다!

Track 73

うちの会社の前にレストランがあります。このあいだ、テレビに

このレストランが出ましたので、前より有名になりました。

先週の土曜日に私は友達と食事に行きました。

サービスも大変よくなりました。

料理もおいしくて値段もあまり高くありませんでした。

うち 우리 | レストラン 레스토랑 | このあいだ 요전번, 지난번 | テレビ 텔레비전 | 出でる 나오다 |

〜より 〜보다 (비교) | 有名ゆうめいだ 유명하다 | 先週せんしゅう 지난주 | 食事しょくじ 식사 |

サービス 서비스(service) | 大変たいへん 매우, 대단히 | 値段ねだん 가격

일본어로 써 봅시다!

1. 야마다 씨와 함께 백화점에 쇼핑하러 갔습니다.

_____

2. 김 씨는 일본어 선생님이 되었습니다.

_____

3. 일본의 교통은 편리해졌습니다.

_____

정답 1. 山田(やまだ)さんと 一緒(いっしょ)に デパートへ 買(か)い物(もの)に 行(い)きました。
2. キムさんは 日本語(にほんご)の 先生(せんせい)に なりました。
3. 日本(にほん)の 交通(こうつう)は 便利(べんり)に なりました。

한자 연습

🍵 한자 즐기기

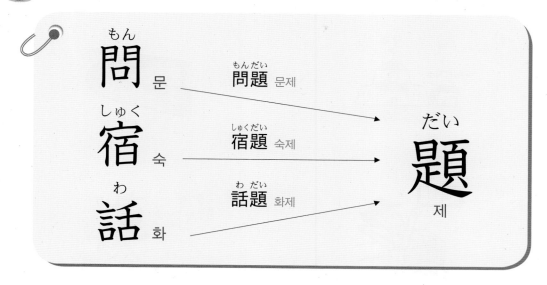

もん
問 문

しゅく
宿 숙

わ
話 화

もんだい
問題 문제

しゅくだい
宿題 숙제

わだい
話題 화제

だい
題 제

🖌 써 봅시다!

うんどう 運動 운동	運動			
せいせき 成績 성적	成績			
ねだん 値段 가격	値段			
しょくじ 食事 식사	食事			
くつ 靴 신발, 구두	靴			
はなみ 花見 꽃구경	花見			

듣기 연습

A. 다음 내용을 듣고 그림과 일치하면 ○, 일치하지 않으면 ✕를 넣으세요. Track 74

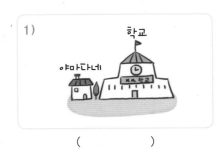

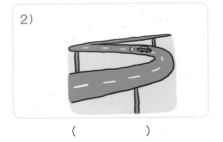

1) (   )

2) (   )

3) (   )

4) (   )

B. 다음은 사토 씨의 한 주간의 스케줄입니다. 내용을 듣고 맞으면 ○, 틀리면 ✕를 넣으세요. Track 75

月	AM 9:00	会議
火	AM 7:30	日本語教室
水	PM 1:00	田中さんと 食事
木		休み・友達と 映画
金	PM 6:00	サッカーの 試合
土		旅行
日	PM 7:00	デート

1) (   ) 2) (   ) 3) (   ) 4) (   )

회화 플러스

1. 취미

→ **趣味は 何ですか。** 취미는 무엇입니까?
しゅ み　　なん

예 趣味は 何ですか。 취미는 무엇입니까?

→ **音楽を 聞く こと**です。 음악 듣기입니다.
おんがく　　き

| 아래 낱말을 써서 밑줄 친 부분과 바꿔서 말해 보세요. |

映画えいがを 見みる こと 영화 보기 | 本ほんを 読よむ こと 책 읽기 | ピアノを 弾ひく こと 피아노 치기 |

旅行りょこう 여행 | 運動うんどう 운동 | 登山とざん 등산 | 水泳すいえい 수영 | ゴルフ 골프(golf) |

スキー 스키(ski)

2. 하루 일과

→ **私の 一日** 나의 하루
わたし　　いちにち

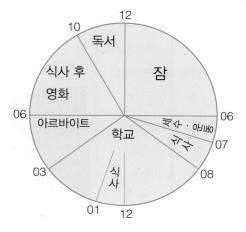

起おきる 일어나다 | 顔かおを 洗あらう 세수하다 | 運動うんどうを する 운동을 하다 |

ご飯はんを 食たべる 밥을 먹다 | 学校がっこうへ 行いく 학교에 가다 | バイトを する 아르바이트를 하다 |

映画えいがを 見みる 영화를 보다 | 本ほんを 読よむ 책을 읽다 | 寝ねる 자다

● 일본의 시장 및 상점가

아메야요코쵸(アメヤ横丁)

도쿄 우에노에 있는 '아메야요코쵸'는 약 400개의 점포가 있는 상점가로 도쿄에 유일하게 남은 재래시장이라 할 수 있습니다. 우리나라의 남대문 시장과 비슷한 느낌인 아메야요코쵸에는 먹거리에서 옷, 신발, 잡화, 생필품 등 없는 게 없을 정도로 많은 물건을 팔고 있습니다. 시장에 들어서면 '아메요코(アメ横) 거리'와 '우에춘(上中) 거리'로 나뉘는데, 아메요코 거리에서는 농수산물과 청과, 길거리 음식들을 주로 팔고, 우에춘 거리에는 패션과 관련된 상점과 음식점이 더 많이 자리잡고 있습니다. 아메야요코쵸는 도쿄의 관광 명소인 만큼 세계 각지의 많은 관광객들의 발걸음이 끊이지 않고 있습니다.

아메야요코쵸 입구 ▶

아사쿠사(浅草) 상점가

'아사쿠사' 하면 단연 '센소지(浅草寺)'를 떠올릴 것입니다. 센소지는 도쿄에서 가장 오래된 절인 만큼 최고의 관광지이기도 합니다. 센소지만큼이나 절의 입구라 할 수 있는 '가미나리몬(雷門)'을 통과하면 펼쳐지는 양옆의 깔끔하게 정돈된 상점가 역시 관광 명소라 할 수 있습니다. 우리나라에 비유하면 인사동 거리와 살짝 비슷한 느낌인 이 상점가에는 일본의 전통 과자인 센베이를 비롯하여 아이스크림, 모치 등과 함께 기념품을 살 수 있는 상점들이 늘어서 있습니다.

아사쿠사 상점가 ▶

쓰키지 시장(築地市場)

　도쿄 쥬오구에 있는 쓰키지 시장은 수산물을 주로 거래하는 시장입니다. 쓰키지 시장은 경매를 통해 수산물을 도매로 거래하는 '장내 시장'과 소매로 일반인 고객을 상대하는 '장외 시장'이 있는데, 장내 시장이 2018년 10월 6일을 마지막으로 쓰키지를 떠나, 10월 11일 도요스 시장(豊洲市場)으로 자리를 옮겼습니다.

　장외 시장에서는 수산물만 거래하는 것은 아니고 청과, 고기류와 알류, 각종 공산품도 판매하고 있습니다. 신선한 해산물이 주로 거래되는 곳인 만큼 맛있는 해산물을 먹을 수는 있지만, 시장이라고 해서 가격이 저렴하지는 않습니다. 장외 시장에서도 상점 앞에서 직접 참치를 해체하는 모습을 볼 수도 있고, 해체한 참치를 그 자리에서 판매하는 등 볼거리와 재미가 많은 시장입니다.

▲ 장외 시장

▲ 장내 시장

14 友達と 遊びに 行きます。

친구와 놀러 갑니다.

포인트 스피치 Track 77

" 주말에 나는 야마다 씨와 바다에 놀러 갈 생각입니다.

장소는 벳푸로 했습니다.

나는 거기에서 온천에도 가고 싶습니다.

주말에 뭔가 예정이 있습니까? 같이 가지 않겠습니까?

週末、私は 山田さんと 海へ 遊びに 行く つもりです。

場所は 別府に しました。

私は そこで 温泉にも 行きたいです。

週末、何か 予定が ありますか。一緒に 行きませんか。 "

Track 78

青木	里美さん、今度の 土曜日は 何か 予定が ありますか。
里美	土曜日ですか。まだ 予定は ありませんが……。
青木	実は 土曜日に 山田さんと 海へ 遊びに 行く 予定なんですが、里美さんも 一緒に 行きませんか。
里美	いいですね。
青木	私たちは 湘南へ 行く つもりですが、里美さんは どこへ 行きたいですか。
里美	私は どこでも いいです。
青木	じゃ、湘南に しましょう。

今度こんど 이번 | 何なにか 무언가, 무엇인지 | 予定よてい 예정 | 実じつは 사실은, 실은 | 海うみ 바다 |
遊あそぶ 놀다 | [ます형]＋に 行いく ~하러 가다 | ~が ~(이)지만 | 一緒いっしょに 같이, 함께 |
~ませんか ~하지 않겠습니까? | 湘南しょうなん 쇼난 (일본의 유명한 바닷가) | ~でも ~든지, ~라도 |
~に する ~로 하다 | ~ましょう ~합시다

① **ます형 활용Ⅰ**

~ましょう	~합시다	예 読みましょう
~ましょうか	~할까요	예 読みましょうか
~ませんか	~하지 않겠습니까?	예 読みませんか
~に 行く	~하러 가다	예 読みに 行く
~たい(です)	~하고 싶다(싶습니다)	예 読みたい(です)
~たく ない(です)	~하고 싶지 않다(않습니다)	예 読みたく ない(です) (=読みたく ありません)

② **~に 行く** ~하러 가다

5時に 友達に 会いに 行きます。

デパートへ かばんを 買いに 行きました。

山田さんと 映画を 見に 行きました。

③ **명사＋なんです** ~입니다, ~인 것입니다

専攻は 日本語なんです。

明日は 休みなんです。

今日は キムさんの 誕生日なんですか。

4 **～ましょう** ～합시다

<ruby>一緒<rt>いっしょ</rt></ruby>に <ruby>勉強<rt>べんきょう</rt></ruby>しましょう。

デパートへ <ruby>買<rt>か</rt></ruby>い<ruby>物<rt>もの</rt></ruby>に <ruby>行<rt>い</rt></ruby>きましょう。

<ruby>日本語<rt>にほんご</rt></ruby>で <ruby>話<rt>はな</rt></ruby>しましょう。

5 **～ませんか** ～하지 않겠습니까?

<ruby>一緒<rt>いっしょ</rt></ruby>に <ruby>映画<rt>えいが</rt></ruby>を <ruby>見<rt>み</rt></ruby>ませんか。

コーヒーでも <ruby>飲<rt>の</rt></ruby>みませんか。

<ruby>週末<rt>しゅうまつ</rt></ruby>、<ruby>公園<rt>こうえん</rt></ruby>へ <ruby>行<rt>い</rt></ruby>きませんか。

デパート 백화점 | **専攻**せんこう 전공 | **明日**あした 내일 | **休**やすみ 휴일 | **誕生日**たんじょうび 생일 |

買か**い物**もの 쇼핑 | **日本語**にほんごで **話**はなす 일본어로 이야기하다 | コーヒー 커피(coffee) |

～でも ～라도, ～든지 | **飲**のむ 마시다 | **週末**しゅうまつ 주말 | **公園**こうえん 공원

문법 포인트

6 　〜たい　〜하고 싶다

A 何が 食べたいですか。　　→ B すしが 食べたいです。

A どこへ 行きたいですか。　　→ B 山へ 行きたいです。

A 誰に 会いたいですか。　　→ B 母に 会いたいです。

7 　〜に する　〜(으)로 하다

メニューは 何に しますか。

テストは 来週の 月曜日に しましょう。

場所は どこに しましょうか。

食たべる 먹다 | すし 초밥 | 誰だれ 누구 | 〜に 会あう 〜을(를) 만나다 | メニュー 메뉴 |

来週らいしゅう 다음 주 | 月曜日げつようび 월요일 | 場所ばしょ 장소

1.

보기

靴を 買う

→ <u>靴を 買いに</u> 行きます。

1)

映画を 見る

→ ＿＿＿＿＿＿＿＿＿＿ 行きます。

2)

遊ぶ

→ ＿＿＿＿＿＿＿＿＿＿ 行きます。

3)

コーヒーを 飲む

→ ＿＿＿＿＿＿＿＿＿＿ 行きます。

ц)

さしみを 食べる

→ ＿＿＿＿＿＿＿＿＿＿ 行きます。

靴くつ 신발, 구두 | 買かう 사다 | 遊あそぶ 놀다 | コーヒー 커피 | さしみ 회

패턴 연습

2.

보기

日本へ 行く

→ <u>日本へ 行きたいです。</u>

→ <u>日本へ 行きたく ありません。</u>

---

1)

飛行機に 乗る

→ _____ 。

→ _____ 。

2)

日本語を 勉強する

→ _____ 。

→ _____ 。

3)

音楽を 聞く

→ _____ 。

→ _____ 。

4)

友達に 会う

→ _____ 。

→ _____ 。

飛行機 ひこうき 비행기 | 音楽 おんがく 음악

3. 보기

7時 _{しちじ}

約束は 何時に しましょうか。
_{やくそく} _{なん}

→ <u>7時に しましょう。</u>

1) 公園 _{こうえん}

場所は どこに しましょうか。
_{ばしょ}

→ _____。

2) 金曜日 _{きんようび}

수	목	금
8	9	10
15	16	⑰
22	23	24

試験は いつに しましょうか。
_{しけん}

→ _____。

3) うどん

メニューは 何に しましょうか。
_{なに}

→ _____。

4) 木村 _{きむら}

主人公は 誰に しましょうか。
_{しゅじんこう} _{だれ}

→ _____。

約束やくそく 약속 | 場所ばしょ 장소 | 試験しけん 시험 | いつ 언제 | メニュー 메뉴 |

主人公しゅじんこう 주인공 | 誰だれ 누구

독해·작문

 읽어 봅시다!　　　Track 79

私（わたし）は来年（らいねん）の4月（しがつ）に日本（にほん）へ勉強（べんきょう）しに行（い）くつもりです。

それで、毎日（まいにち）日本語教室（にほんごきょうしつ）で日本語（にほんご）を勉強（べんきょう）しています。

日本語（にほんご）の勉強（べんきょう）ははじめてです。

日本語（にほんご）は最初（さいしょ）は簡単（かんたん）でしたが、今（いま）は難（むずか）しいです。

だから、早（はや）く日本語（にほんご）が上手（じょうず）になりたいです。

勉強（べんきょう） 공부 | ～に 行（い）く ～하러 가다 | [동사 기본형] ＋つもり ～할 생각 | それで 그래서 |

毎日（まいにち） 매일 | 日本語教室（にほんごきょうしつ） 일본어 교실(학원) | ～て います ～하고 있습니다 |

はじめて 처음 | 最初（さいしょ） 최초, 처음 | 簡単（かんたん）だ 간단하다 | 難（むずか）しい 어렵다 |

だから 그러니까 | 早（はや）く 빨리 | 上手（じょうず）に 능숙하게 | なる 되다 | ～たい ～하고 싶다

 일본어로 써 봅시다!

1. 백화점에 가방을 사러 갑시다.

_____

2. 저도 바다에 가고 싶습니다.

_____

3. 같이 놀러 가지 않겠습니까?

_____

정답 1.　デパートへ かばんを 買（か）いに 行（い）きましょう。
2.　私（わたし）も 海（うみ）へ 行（い）きたいです。
3.　一緒（いっしょ）に 遊（あそ）びに 行（い）きませんか。

한자 즐기기

男性 _{だんせい} 남성   性格 _{せいかく} 성격

男 _{だん} 남
女 _{じょ} 여

性 _{せい} 성

格 _{かく} 격
別 _{べつ} 별

女性 _{じょせい} 여성   性別 _{せいべつ} 성별

써 봅시다!

今度 こん ど 이번	今度			
週末 しゅう まつ 주말	週末			
毎日 まい にち 매일	毎日			
来年 らい ねん 내년	来年			
簡単 かん たん 간단	簡単			
海 うみ 바다	海			

듣기 연습

A. 두 사람의 대화를 듣고 놀러 가기로 한 장소는 어디인지 골라 보세요. Track 80

1)

2)

3)

ц)

정답 (　　　　　　)

B. 내용을 듣고 그림과 일치하면 ○, 일치하지 않으면 ×를 넣으세요. Track 81

1)

(　　　　　)

2)

(　　　　　)

3)

(　　　　)

ц)

(　　　　)

회화 플러스

1. 어제 일정

→ 昨日(きのう)は 何(なに)を しましたか。

어제는 무엇을 했습니까?

예 昨日は 何を しましたか。 어제는 무엇을 했습니까?

→ 公園(こうえん)へ 散歩(さんぽ)に 行(い)きました。 공원에 산책하러 갔습니다.

| 아래 낱말을 써서 밑줄 친 부분과 바꿔서 말해 보세요. |

週末(しゅうまつ) 주말 | デパート 백화점 | 病院(びょういん) 병원 | 日本(にほん) 일본 | 買(か)い物(もの) 쇼핑 |
食事(しょくじ) 식사 | お見舞(みま)い 문병 | 旅行(りょこう) 여행

2. 상황 질문

→ どう しましたか。

왜 그래요? (무슨 일이에요?)

예 どう しましたか。 왜 그래요?

→ この カメラの 使(つか)い方(かた)が わかりません。 이 카메라의 사용법을 모르겠습니다.

| 아래 낱말을 써서 밑줄 친 부분과 바꿔서 말해 보세요. |

漢字(かんじ) 한자 | 単語(たんご) 단어 | カタカナ 가타카나 | 機械(きかい) 기계 | おもちゃ 장난감 |
読(よ)み方(かた) 읽는 법 | 覚(おぼ)え方(かた) 외우는 법 | 作(つく)り方(かた) 만드는 법

쉬어가기

● 일본의 독특한 전시관

도쿄 지브리 미술관

　'미타카의 숲 지브리 미술관(三鷹の森ジブリ美術館)'은 도쿄 미타카시의 '이노카시라 공원(井の頭公園)' 안에 있습니다. '지브리'는 '이웃집 토토로'를 시작으로 '센과 치히로의 행방불명' 등으로 유명한 애니메이션 회사이고, 지브리 미술관은 지브리의 미야자키 하야오 감독이 자사 애니메이션의 캐릭터와 배경을 바탕으로 직접 디자인한 미술관입니다.

　100% 예약제로 운영되고 있으며, 공식적으로는 매주 화요일이 휴관일이지만, 간혹 휴관일의 변동이 있기 때문에 방문을 계획 중이라면 예약과 휴관일을 반드시 체크해 두어야 합니다.

▲ 미술관 초입을 지키는 '토토로'

　지브리 미술관은 지하 1층, 지상 2층의 총 3개 층으로 되어 있는 아담한 규모의 미술관입니다. 지하 1층에는 애니메이션이 만들어지기까지의 과정과 지브리의 애니메이션이 전시되어 있고, 단편 영화관이 있습니다. 지상 1층에서는 미야자키 감독의 습작실과 애니메이션 콘티 등을 볼 수 있으며, 지상 2층에는 기념품 가게가 있습니다.

　실외에서는 사진 촬영이 가능하나 실내에서는 모든 촬영이 금지되어 있기 때문에 방문할 때에는 이 점에 유의해야 합니다.

미술관 옥상을 지키는 '천공의 성 라퓨타'의 로봇 병사 ▶

에비스 맥주 기념관

'에비스 맥주 기념관'은 도쿄 시부야구 에비스 가든 플레이스 안에 위치해 있습니다. JR 야마노테센 에비스 역에서 내려 조금 걸어야 하지만, 에비스 스카이 워크를 이용하면 조금은 편하게 이동할 수 있습니다.

에비스 맥주는 삿포로 맥주 회사에서 만드는 프리미엄 맥주로, 맥주 기념관 옆에는 삿포로 맥주 본사가 자리잡고 있습니다.

에비스 맥주 기념관의 입장료는 무료이지만, 유료 투어 코스가 있어 20세 이상의 어른이라면 500엔의 요금으로 에비스의 역사, 맛있게 에비스 맥주를 즐기는 법 등의 설명을 들으며 두 종류의 에비스 맥주도 맛볼 수 있습니다.

▲ 기념관 입구

▲ 기념관 내부

15

漢字も 多いし、
読み方も
難しいですね。

한자도 많고, 읽는 법도 어렵네요.

" 우리 집은 역에서 찾기 쉽습니다.
우리 집은 방도 넓고 집세도 쌉니다.
근처에 공원도 있습니다.
매일 아침 음악을 들으면서 공원에서 운동을 합니다.

私の 家は 駅から 探しやすいです。

私の 家は 部屋も 広いし 家賃も 安いです。

近くに 公園も あります。

毎朝 音楽を 聞きながら 公園で 運動を します。 "

기본 회화

 Track 84

〈問題を 読みながら〉

イ 「次の 漢字を ひらがなで 書きなさい。」

先生、この 漢字は どう 読みますか。

先生 「しゅみ」と 読みます。

イ 問題2の 漢字も 小さくて 読みにくいですが。

先生 その 漢字は「せんこう」です。

イ 日本語は 漢字も 多いし、読み方も 難しいですね。

先生 毎日 漢字を 書きながら 覚えて ください。

役に 立ちますから。

イ え! 毎日 覚えるんですか。

問題もんだい 문제 | 次つぎ 다음 | 漢字かんじ 한자 | ひらがな 히라가나 | どう 어떻게 | 趣味しゅみ 취미 |

〜と 読よむ 〜라고 읽는다 | 問題もんだい2に 문제2 | 専攻せんこう 전공 | 多おおい 많다 | 読よみ方かた 읽는 법 |

毎日まいにち 매일 | 覚おぼえて ください 외우세요, 외워 주세요 (覚える → 覚えて) |

役やくに 立たつ 도움이 되다 | 〜から 〜(이)니까, 〜(이)기 때문에 | [동사]+んです 〜하는 겁니다

15 漢字も 多いし、読み方も 難しいですね。195

문법 포인트

1 ます형 활용Ⅱ

~方	~하는 법	예 使い方
~ながら	~하면서	예 使いながら
~すぎる	너무 ~하다	예 使いすぎる
~やすい	~하기 쉽다	예 使いやすい
~にくい	~하기 어렵다	예 使いにくい
~なさい	~하시오, ~하세요	예 使いなさい

2 ～で ~로 (방법, 도구, 수단)

木村さんと 日本語で 話しました。(방법)

名前を ペンで 書きました。(도구)

家から 会社まで バスで 40分ぐらい かかります。(수단)

3 ～くて ~해서 (이유, 원인) [참고 : ～くて ～이고 (나열, 열거)]

先生は 性格が 明るくて みんなが 好きです。

昨日は 天気が 悪くて 遠足に 行きませんでした。

今日は 風が 強く なくて いいですね。

④ ます형 ＋ やすい　～하기 쉽다
　　ます형 ＋ にくい　～하기 어렵다

ひらがなは 読^よみやすいですが、カタカナは 読みにくいです。

この 問題^{もんだい}は 難^{むずか}しくて わかりにくいです。

この 本^{ほん}は 字^じが 小^{ちい}さくて 見^みにくいです。

⑤ ～も ～し、 ～も　～도 ～하고, ～도

キムさんは 頭^{あたま}も いいし、 性格^{せいかく}も いいです。

木村先生^{きむらせんせい}は ハンサムだし、 背^せも 高^{たか}いです。

この アパートは 部屋^{へや}も 広^{ひろ}いし、 家賃^{やちん}も 安^{やす}いから いいです。

使^{つか}う 사용하다, 쓰다 | 日本語^{にほんご}で 話^{はな}す 일본어로 이야기하다 | 名前^{なまえ} 이름 | ペン 펜(pen) |

バスで 버스로 (수단) | ～ぐらい ～정도 | かかる (시간이) 걸리다 | 性格^{せいかく} 성격 | 明^{あか}るい 밝다 |

みんな 모두 | 好^すきだ 좋아하다 | 昨日^{きのう} 어제 | 天気^{てんき} 날씨 | 悪^{わる}い 나쁘다 | 遠足^{えんそく} 소풍 |

風^{かぜ}が 強^{つよ}い 바람이 세다 | カタカナ 가타카나 | 問題^{もんだい} 문제 | 頭^{あたま} 머리 |

背^せも 高^{たか}い 키도 크다 | アパート 아파트 | 部屋^{へや} 방 | 広^{ひろ}い 넓다 | 家賃^{やちん} 집세

문법 포인트

6 ～から　～이기 때문에 (이유, 원인)

① 명사 : Nだ + から

今日は 休みだから、田中さんは 家に いるでしょう。

② い형용사 : い + から

暑いから 窓を 開けて ください。

③ な형용사 : だ + から

ここは 交通が 便利だから いいですね。

④ 동사 : V(원형) + から

来年 日本へ 行くから 日本語を 習います。

～でしょう ～겠죠, ～이죠 (추측) | 窓まど 창문 | 開あける 열다 | 交通こうつう 교통 |

便利べんりだ 편리하다 | 来年らいねん 내년 | 習ならう 배우다

패턴 연습

1. 보기

> 読む → この 漢字の 読み方が わかりません。

1) 使う → この カメラの ＿＿＿＿＿＿＿が わかりません。

2) 覚える → この 単語の ＿＿＿＿＿＿＿を 教えて ください。

3) 作る → この 料理の ＿＿＿＿＿＿＿を 教えて ください。

2. 보기

> わかる
> → 問題1は わかりやすいですが、問題2は わかりにくいです。

1) 食べる

   → バナナは ＿＿＿＿＿＿ですが、パイナップルは ＿＿＿＿＿＿です。

2) 書く

   → カタカナは ＿＿＿＿＿＿ですが、ひらがなは ＿＿＿＿＿＿です。

3) 歩く

   → スニーカーは ＿＿＿＿＿＿ですが、ハイヒールは ＿＿＿＿＿＿です。

漢字かんじ 한자 | カメラ 카메라(camera) | 単語たんご 단어 | 教おしえる 가르치다 | 問題もんだい 문제 |

バナナ 바나나(banana) | パイナップル 파인애플(pineapple) | 書かく 쓰다 | 歩あるく 걷다 |

スニーカー 스니커즈(sneakers), 운동화 | ハイヒール 하이힐(high heel)

패턴 연습

3. 보기

帰る → 早く 家へ 帰りなさい。

1) 起きる → 朝 早く ＿＿＿＿＿＿＿。

2) 選ぶ → 正しい ものを ひとつ ＿＿＿＿＿＿＿。

3) 書く → ひらがなで ＿＿＿＿＿＿＿。

4. 보기

ピアノを 弾く・歌を 歌う

→ ピアノを 弾きながら 歌を 歌います。

1) テレビを 見る・夕ごはんを 食べる

→ ＿＿＿＿＿＿＿＿＿＿＿＿＿＿。

2) 音楽を 聞く・勉強を する

→ ＿＿＿＿＿＿＿＿＿＿＿＿＿＿。

3) コーヒーを 飲む・友達と 話す

→ ＿＿＿＿＿＿＿＿＿＿＿＿＿＿。

5.

보기

食_たべる・お腹_{なか}が 痛_{いた}い

→ 食べすぎました。それで、お腹が 痛いです。

1)

カラオケで 歌_{うた}を 歌_{うた}う・のどが 痛い

→ _____。

2)

歩_{ある}く・足_{あし}が 痛い

→ _____。

3)

飲_のむ・気分_{きぶん}が 悪_{わる}い

→ _____。

早はやく 일찍 | 選えらぶ 고르다, 선택하다 | 正ただしい 올바르다, 맞다 | ひとつ 한 개 |

ピアノを 弾ひく 피아노를 치다 | テレビ 텔레비전 | 夕ゆうごはん 저녁밥 | 音楽おんがく 음악 |

コーヒー 커피 | 話はなす 이야기하다 | お腹なかが 痛いたい 배가 아프다 | カラオケ 노래방 |

のど 목, 목구멍 | 歩あるく 걷다 | 足あし 다리, 발 | 気分きぶんが 悪わるい 기분이 좋지 않다, 속이 좋지 않다

독해·작문

 읽어 봅시다!

私は兄と秋葉原へ新しいデジカメを買いに行きました。

秋葉原にはいろいろなデジカメがたくさんありました。

兄と私は建物の中を歩きながら、デジカメを探してみました。

結局、私は白いデジカメを買いました。

デザインもきれいだし、使い方も簡単です。

秋葉原あきはばら 아키하바라 (지명) | 新あたらしい 새롭다, 새 것이다 | デジカメ 디지털카메라 |

いろいろな 여러 가지 | たくさん 많이 | 建物たてもの 건물 | 探さがして みました 찾아 봤습니다 |

結局けっきょく 결국 | 白しろい 하얗다 | デザイン 디자인(design) | 使つかい方かた 사용법 |

簡単かんたんだ 간단하다

 일본어로 써 봅시다!

1. 음악을 들으면서 공부를 합니다.

_____

2. 이 아파트는 방도 넓고 집세(家賃)도 싸네요.

_____

3. 히라가나로 쓰세요.

_____

정답 1. 音楽(おんがく)を 聞(き)きながら 勉強(べんきょう)を します。
2. この アパートは 部屋(へや)も 広(ひろ)いし、 家賃(やちん)も 安(やす)いですね。
3. ひらがなで 書(か)きなさい。

한자 연습

한자 즐기기

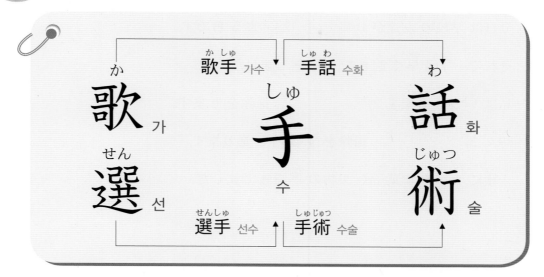

か 歌 가	歌手 _{かしゅ} 가수	手話 _{しゅわ} 수화	わ 話 화
せん 選 선	しゅ 手 수	じゅつ 術 술
	選手 _{せんしゅ} 선수	手術 _{しゅじゅつ} 수술	

써 봅시다!

漢字 _{かん じ} 한자	漢字			
問題 _{もん だい} 문제	問題			
建物 _{たて もの} 건물	建物			
頭 _{あたま} 머리	頭			
性格 _{せい かく} 성격	性格			
手術 _{しゅじゅつ} 수술	手術			

듣기 연습

A. 다음 내용을 듣고 빈칸에 알맞은 말을 쓰세요.　　　　🎵 Track 86

今日は 学校の 友達が 1) ［　　　　　　］ 来る 日です。

それで、今朝 早く 起きて 掃除を しました。

私は いつも 音楽を 2) ［　　　　　　］ 掃除を します。

時々 3) ［　　　　　　］ 掃除を する 時も あります。

一緒に 食べる お菓子や 果物の 準備も しました。

B. 내용을 듣고 그림과 일치하면 ○, 일치하지 않으면 ×를 넣으세요.　　🎵 Track 87

1)

(　　　　　)

2)

(　　　　　)

3)

(　　　　　)

4)

(　　　　　)

회화 플러스

1. 인사 표현 질문

Track 88

> → 食^たべる 前^{まえ}に 日本語^{に ほん ご}で 何^{なん}と いいますか。
>
> 먹기 전에 일본어로 뭐라고 합니까?

예 <u>食べる 前に 日本語で 何と いいますか。</u> 먹기 전에 일본어로 뭐라고 합니까?

→「<u>いただきます</u>」と いいます。 '이타다키마스'라고 합니다.

| 아래 낱말을 써서 밑줄 친 부분과 바꿔서 말해 보세요. |

· 朝^{あさ}の あいさつは 아침 인사는 → おはようございます 안녕하세요

· 寝^ねる 前^{まえ}に 자기 전에 → おやすみなさい 안녕히 주무세요

· 家^{いえ}を 出^でる 時^{とき}は 집을 나설 때는 → 行^いって きます 다녀오겠습니다

2. 소요 시간

> → 家^{いえ}から 学校^{がっこう}まで どのぐらい かかりますか。
>
> 집에서 학교까지 얼마나 걸립니까?

예 家から 学校まで どのぐらい かかりますか。

집에서 학교까지 얼마나 걸립니까?

→ <u>歩^{ある}いて 20分^{にじゅっぷん}</u> ぐらい かかります。 걸어서 20분 정도 걸립니다.

| 아래 낱말을 써서 밑줄 친 부분과 바꿔서 말해 보세요. |

自転車^{じてんしゃ}で 30分^{さんじゅっぷん} 자전거로 30분 | バスで 10分^{じゅっぷん} 버스로 10분 |

タクシーで 5分^{ごふん} 택시로 5분 | 車^{くるま}で 15分^{じゅうごふん} 차로 15분 |

地下鉄^{ちかてつ}で 20分^{にじゅっぷん} 지하철로 20분 | 電車^{でんしゃ}で 1時間^{いちじかん} 전철로 1시간

쉬어가기

● 오사카의 번화가

신사이바시스지(心斎橋筋)

　'신사이바시스지'는 오사카의 대표적인 쇼핑 지역으로 남북으로 길게 뻗어 있는 아케이드에는 많은 상점들이 길게 자리하고 있습니다. 도쿄의 긴자와 같은 고급스러운 명품 거리라고 할 수 있는 '미도스지(御堂筋)'와 연결되어 있고, 오사카 최대 규모의 백화점인 '다이마루(大丸, DAIMARU)' 백화점을 비롯하여 옷가게와 카페 등이 밀집되어 있어 오사카의 최고의 쇼핑 거리이자 젊은이들이 주로 찾는 젊음의 거리라 할 수 있습니다.

도톤보리(道頓堀)

　신사이바시스지에서 남쪽으로 조금 벗어난 곳에 자리한 '도톤보리'는 도톤보리강 주변으로 형성된 유흥가입니다. 서민적인 분위기를 풍기는 도톤보리는 오사카의 대표적인 먹자골목으로 각종 음식점과 술집, 포장마차가 즐비하며, 화려한 간판과 네온사인으로도 유명합니다. 먹을거리 외에도 즐길 거리, 볼거리가 많은 도톤보리는 일본인뿐 아니라 세계 각지에서 찾아온 관광객으로 항상 인산인해를 이루고 있습니다.

▲ 도톤보리 중심지

● 교토의 주요 거리

기온도리(祇園通り)

'기온도리'는 교토의 고즈넉한 분위기를 느낄 수 있는 거리로 유명합니다. 기온도리는 '게이샤(芸者)'를 직접 볼 수 있는 곳이기도 하여, 운이 좋으면 거리에서 화려한 기모노를 입고 얼굴 전체를 하얗게 분칠한 게이샤를 만날 수도 있습니다.

▲ 호칸지 5층 탑이 보이는 야사카도리

기온도리 중 '야사카도리(八坂通り)' 구간에 들어서면 '야사카 탑'이라고도 불리는 '호칸지 5층 탑'이 눈이 들어옵니다. 호칸지 5층 탑은 46m 높이의 교토에서 가장 오래된 탑이며, 문화재로 지정된 탑 중에서 민간에 공개된 유일한 탑입니다. 거리를 걷는 것만으로도 일본의 정취를 느낄 수 있는 이 거리의 독특한 매력을 느끼기 위해 매년 많은 관광객이 이 거리를 찾고 있습니다.

시조카와라마치(四条河原町)

'시조카와라마치'는 교토시의 '시조도리(四条通り)'와 '가와라마치도리(河原町通り)'에 걸쳐 있는 교차로의 이름이면서 이 주변 번화가를 이르는 통칭입니다. 교토 중심부에 위치한 이 주변 지역은 교토의 최대 번화가입니다. 대형 백화점과 쇼핑몰은 물론 여러 상점과 음식점이 밀집되어 있을 뿐만 아니라 한큐 가와라마치 역이 인접해 있고, 많은 버스 노선이 지나가는 교통의 요지이기도 합니다. 그래서 많은 관광객들이 교토 여행의 출발지로 삼고 있습니다.

▲ 시조카와라마치 교차로

Memo

 **부록**

듣기 연습 스크립트와 정답

3과 듣기 연습 • 049

A

① はじめまして。わたしは キムです。

わたしは 軍人で、韓国人です。

どうぞ よろしく おねがいします。

② 山田さんは 医者ですか。

いいえ、わたしは 医者では ありません。

会社員です。

③ あなたは 日本人ですか。

はい、わたしは 日本人です。

④ こちらは イさんです。

イさんは 学生では ありません。

先生です。

정답

① 軍人・韓国人　　② 医者・医者・会社員

③ 日本人・日本人　　④ 学生・先生

B

① はじめまして。私は キム・ミンヒと 申します。私は 韓国人です。

② はじめまして。私は ブラウンと 申します。私は アメリカ人です。

③ はじめまして、私は チンと 申します。私は 中国人です。

④ はじめまして、私は 山田と 申します。私は 日本人です。

정답

① ○　　② ×　　③ ×　　④ ×

4과 듣기 연습 • 059

A

①

A: すみません、その 本は 誰のですか。

B: この 本は 先生のです。

②

A: すみません、これは 誰の 新聞ですか。

B: それは キムさんのです。

③

A: 鈴木さん、この かばんは 山田さんのですか。

B: はい、そうです。

④

A: すみません、あの 傘は キムさんのですか。

B: いいえ、あの 傘は キムさんのでは ありません。青木さんのです。

정답

① 先生の　　② キムさんの

③ 山田さんの　　④ 青木さんの

B

①

A: これは 何ですか。

B: それは 眼鏡です。

❷

A: これは 何ですか。

B: それは 椅子です。

❸

A: あれは 何ですか。

B: あれは 雑誌です。

❹

A: それは 何ですか。

B: これは 机です。

╭─ 정답 ─╮

❶ ✕　　　❷ ◯　　　❸ ✕　　　❹ ✕

┌─ 5과 ─┐ 듣기 연습 • 069

A

> 보기
>
> A: あの、すみません、今 何時ですか。
> B: 3時 35分です。
> A: ありがとうございます。

❶

A: あの、すみません、今 何時ですか。

B: 4時 ちょうどです。

A: ありがとうございます。

❷

A: あの、すみません、今 何時ですか。

B: 6時 55分です。

A: ありがとうございます。

❸

A: あの、すみません、今 何時ですか。

B: 12時 15分です。

A: ありがとうございます。

❹

A: あの、すみません、今 何時ですか。

B: 9時 半です。

A: ありがとうございます。

╭─ 정답 ─╮

❶ よじ ちょうど

❷ ろくじ ごじゅうごふん

❸ じゅうにじ じゅうごふん

❹ くじ はん

B

❶ 学校は 9時から 12時までです。

❷ テストは 9時から 10時 半までです。

❸ スーパーは 午前 10時から 午後 10時までです。

❹ 映画は 午後 2時から 4時 30分までです。

╭─ 정답 ─╮

❶ ✕　　　❷ ◯　　　❸ ✕　　　❹ ✕

┌─ 6과 ─┐ 듣기 연습 • 079

A

❶ 明日は 4月13日です。

❷ キムさんの 誕生日は 11月30日です。

211

③ テストは 木曜日からです。

④ 学校の 休みは 6月20日です。

정답

① 4(月) 13(日)　　② 11(月) 30(日)

③ 木曜日　　④ 6(月) 20(日)

B

① 今日は 9月1日 水曜日です。

② 9月14日は 木村さんの 誕生日です。

③ テストは 9月7日から 9日までです。

④ 休みは 9月11日から 16日までです。

정답

① ○　　② ×　　③ ○　　④ ×

7과 듣기 연습 • 090

A

① 日本語の 本は 800円です。

② ノートは 400円です。

③ ペンは 250円です。

④ 鉛筆は 200円です。

정답

① ×　　② ○　　③ ○　　④ ×

B

店員　いらっしゃいませ。

山田　あの、すみません。

　　　この ケーキは いくらですか。

店員　500円です。

山田　ハンバーガーは いくらですか。

店員　650円です。

山田　では、コーラは？

店員　200円です。

山田　ジュースも 200円ですか。

店員　いいえ、ジュースは 300円です。

山田　あ、そうですか。コーラが 一番 安いですね。

　　　では、ケーキと コーラを ください。

정답

① (b)　　② (c)　　③ (d)　　④ (a)

8과 듣기 연습 • 106

A

私は 日本語の 勉強は はじめてですが、

日本人の 友達は (① 多い)です。

日本語は ちょっと (② 難しい)ですが、

とても (③ おもしろい)です。

昨日は 学校の テストでした。

テストは (④ あまり) 難しく ありませんでした。

정답

① 多い　　② 難しい

③ おもしろい　　④ あまり

B

❶ 山田さんは 背が 高いですが、鈴木さんは 背が 低いです。

❷ 山田さんの カメラは 大きいですが、鈴木さんの カメラは 小さいです。

❸ 山田さんは 髪が あまり 長く ありません。短いです。

❹ 山田さんの 時計は 鈴木さんのより 安いです。

정답

❶ ○　　❷ ×　　❸ ×　　❹ ×

9과 듣기 연습 • 122

A

木村 キムさんは どんな タイプが 好きですか。

キム 私は 背が 低くて かわいい タイプが 好きです。木村さんは どんな タイプが 好きですか。

木村 私は 背が 高くて 髪が 長い タイプが 好きです。

정답

①

B

❶ 山田さんは あまり まじめじゃ ありません。

❷ 山田さんは スポーツが 好きじゃ ありません。

❸ 佐藤さんは 英語が 上手です。

정답

❶ ○　　❷ ×　　❸ ○

10과 듣기 연습 • 135

A

❶ スーパーは どこ(に) ありますか。

❷ 学校(の) 前(に) 車(が) あります。

❸ キムさんは 教室に (います)。

❹ 椅子の (下)に 新聞が あります。

정답

❶ に　　　　❷ の/に/が

❸ います　　❹ 下

B

❶ 銀行の 前に 本屋が あります。

❷ 銀行の 隣に デパートが あります。

❸ 木の 下に 犬が いっぴき います。

❹ デパートの 後ろに 公園が あります。

정답

❶ ×　　❷ ○　　❸ ×　　❹ ×

듣기 연습 스크립트와 정답

11과 듣기 연습 • 148

A

キム 山田さんは 何人 家族ですか。

山田 父と 母と 兄と 弟と 私の 5人 家族です。

> **정답** 　3

B

① 教室の 中に 机が ふたつ あります。

② 皿の 上に りんごが みっつ あります。

③ 公園の 前に 学生が ひとり います。

④ 部屋の 中に 猫が いっぴき います。

> **정답**

① ×　　　② ○　　　③ ×　　　④ ○

12과 듣기 연습 • 164

A

私は 今日 7時に 起きました。それから 運動を しました。10時ごろ 家を 出ました。学校の 近くで 友達と 昼ごはんを 食べました。それから、一緒に 映画館で 映画を 見ました。10時に 家へ 帰りました。部屋で 音楽を 聞きました。11時半に 寝ました。

> **정답** 　3 - 2 - 4 - 1

B

① 昨日は 12時に 寝ました。

② 私は お酒を 飲みますが、好きでは ありません。

③ 明日は 休みなので、会社へ 行きません。

④ キムさんは 学校で 日本語を 教えます。

> **정답**

① ○　　　② ×　　　③ ○　　　④ ×

13과 듣기 연습 • 176

A

山田さんの 家は 駅の 近くに あります。交通は 前より 便利に なりましたが、車や バスが 多く なりましたので とても うるさいです。

山田さんは 毎朝 6時に 起きます。山田さんは 運動が 大好きです。

> **정답**

① ×　　　② ×　　　③ ×　　　④ ○

B

① 月曜日の 9時から 会議が あります。

② 水曜日には 朝早く 会社へ 行きます。

③ 木曜日は 休みなので 友達と 一緒に 映画を 見ます。

④ 土曜日には 7時に 里美さんと デートを します。

> **정답**

① ○　　　② ×　　　③ ○　　　④ ×

A

木村 今度の 夏休みに どこへ 行きたいですか。
里美 私は 海へ 行きたいですが…。
木村 またですか。去年も 海へ 行きましたよね。
　　 山は どうですか。
里美 山は ちょっと…。中国とか フランスとかは
　　 どうでしょうか。
木村 休みが 短いので、海外旅行は 無理ですよ。
里美 じゃ、今度も また…。
木村 しょうがないですね。そう しましょう。

정답　　①

B

① **A:** 明日は 何か 予定が ありますか。
　　B: 友達に 会って コーヒーを 飲みます。
② **A:** 土曜日に 何を しますか。
　　B: 山田さんと 映画を 見る 予定です。
③ **A:** 一緒に コーヒーでも 飲みませんか。
　　B: すみません。5時から 会議なので…。
④ **A:** どこへ 行きますか。
　　B: 靴と かばんを 買いに デパートへ 行きます。

정답

❶ ✕　　❷ ◯　　❸ ✕　　❹ ◯

A

今日は 学校の 友達が ①遊びに 来る 日です。

それで 今朝 早く 起きて 掃除を しました。
私は いつも 音楽を ②聞きながら 掃除を します。
時々 ③歌いながら 掃除を する 時も あります。
一緒に 食べる お菓子や 果物の 準備も しました。

정답

❶ 遊びに　❷ 聞きながら　❸ 歌いながら

B

❶ あの、この 洗濯機の 使い方が わかりません。
❷ ギターを 弾きながら 歌を 歌います。
❸ 高橋さんは 飲みすぎました。
❹ ブラウンさんの 話は わかりやすいです。

정답

❶ ◯　　❷ ◯　　❸ ✕　　❹ ✕

본문 해석

기본 회화 • 043

기무라　처음 뵙겠습니다. 저는 기무라라고 합니다.

김　　　처음 뵙겠습니다. 저는 김수아입니다.

　　　　잘 부탁합니다.

기무라　저야말로 잘 부탁합니다.

김　　　기무라 씨는 학생입니까?

기무라　아니요. 저는 학생이 아닙니다. 회사원입니다.

독해·작문 • 047

처음 뵙겠습니다. 저는 김수아라고 합니다.

저는 한국인이고 대학생입니다.

이분은 다나카 씨입니다. 다나카 씨는 일본인입니다.

다나카 씨는 대학생이 아닙니다. 회사원입니다.

이쪽은 왕 씨입니다. 왕 씨는 중국인이고, 군인입니다.

기본 회화 • 053

기무라　김 씨, 이것은 무엇입니까?

김　　　그것은 디지털카메라입니다.

기무라　이것은 누구의 디지털카메라입니까?

김　　　그것은 이 씨의 것입니다.

기무라　저것도 이 씨의 것입니까?

김　　　아니요. 저것은 이 씨의 것이 아닙니다. 제 것입니다.

기무라　그런데, 저 사람은 누구입니까?

김　　　저 사람은 박 씨입니다. 박 씨는 제 친구입니다.

독해·작문 • 057

김 씨와 다나카 씨는 일본어 선생님입니다.

두 사람은 친구입니다.

이 일본어 책은 김 씨의 것이고,

저 일본어 사전은 다나카 씨의 것입니다.

저 잡지도 다나카 씨의 것입니다.

기본 회화 • 063

야마다　김 씨, 오래간만입니다.

김　　　아, 야마다 씨, 오랜만입니다.

야마다　김 씨 회사는 이 근처입니까?

김　　　네, 그렇습니다.

야마다　회사는 몇 시부터 몇 시까지입니까?

김　　　오전 9시 10분부터 오후 7시까지입니다.

독해·작문 • 067

우리 회사는 오전 8시 반부터 오후 6시 반까지입니다.

내일은 회의가 있습니다. 회의는 9시부터 11시까지입니다.

회의 후에는 야마다 씨와 식사 약속이 있습니다.

야마다 씨는 저의 친구이고, 은행원입니다.

은행은 오전 9시부터 오후 4시까지입니다.

기본 회화 • 073

선생님 여러분, 오늘은 몇 월 며칠 무슨 요일입니까?
학생들 오늘은 5월 6일 화요일입니다.
선생님 어제는요?
학생들 5월 5일 월요일이었습니다.
선생님 어제는 어린이날이었죠?
　　　 그럼, 내일은 몇 월 며칠 무슨 요일입니까?
김 　　내일은 5월 7일 수요일입니다. 왕 씨의 생일입니다.
선생님 그래요?
　　　 왕 씨, 생일 축하합니다.

독해·작문 • 077

제 생일은 4월 6일입니다. 어제는 저의 생일이었습니다.
저는 대학교 3학년이고, 취미는 테니스입니다.
다나카 씨는 저의 친구입니다. 다나카 씨의 생일은 9월 14일입니다.
대학교 4학년이고 취미는 수영입니다.
내일부터 학교 시험입니다. 시험은 월요일부터 목요일까지입니다.

7과

기본 회화 • 083

점원 　어서 오세요.
야마다 저기, 실례합니다. 이 치즈케이크, 얼마입니까?
점원 　500엔입니다.
야마다 좀 비싸네요. 커피는 얼마입니까?
점원 　커피는 350엔입니다.

야마다 그럼, 커피와 치즈케이크를 주세요.
　　　 그리고 이 쿠키도 하나 부탁합니다.
점원 　네, 전부 합해서 950엔입니다.

독해·작문 • 088

이 가게는 조금 비싸지만 물건은 매우 좋습니다.
스웨터와 블라우스는 4,500엔입니다.
둘 다 M사이즈입니다.
스커트는 3,600엔입니다.
바지는 비싼 것도 있지만, 스커트보다는 쌉니다.

8과

기본 회화 • 095

기무라 김 씨, 오늘은 그다지 덥지 않네요.
김 　　네, 어제보다는 시원하네요.
기무라 김 씨, 요즘 일본어 공부는 어떻습니까?
김 　　조금 어렵습니다만, 매우 재미있습니다.
　　　 한국어 공부는 어떻습니까?
기무라 영어보다 재미있고 간단합니다.
김 　　그거 잘됐네요.
　　　 아, 어제는 시험이었죠. 어땠습니까?
기무라 시험은 어려웠습니다.

독해·작문 • 104

김 씨와 저는 가장 사이가 좋은 친구입니다.
김 씨는 매우 귀엽고 상냥한 타입입니다.
어제는 김 씨의 생일이었습니다.
그래서 친구와 파티를 했습니다.
파티는 정말로 즐거웠습니다.

본문 해석

9과

기본 회화 • 111

김　　정말 조용하고 깨끗한 방이군요. 아, 이 사진은?

기무라　축구 시합 사진입니다.

김　　기무라 씨는 축구를 좋아합니까?

기무라　네, 좋아합니다만, 그다지 잘하지 못합니다.
　　　　김 씨는 스포츠 중에서 무엇을 가장 좋아합니까?

김　　저는 수영을 가장 좋아합니다. 기무라 씨도 수영을 좋아합니까?

기무라　전에는 좋아했습니다만, 지금은 축구 쪽을 좋아합니다.

독해·작문 • 120

김 씨와 왕 씨는 학교 친구입니다.
반에서 가장 사이가 좋습니다.
두 사람은 정말로 친합니다만, 취향은 전혀 다릅니다.
김 씨는 매운 요리를 좋아합니다만, 왕 씨는 싫어합니다.
김 씨는 야구와 축구를 좋아합니다만,
왕 씨는 독서와 산책을 좋아합니다.

10과

기본 회화 • 127

이　　저기, 실례합니다. 다이스키 일본어 학교는 어디입니까?

김　　저기 은행 옆에 있습니다.
　　　　저는 그 학교의 학생입니다만….

이　　아, 그렇습니까?
　　　　한 반에 학생은 몇 명 정도 있습니까?

김　　약 15명 정도 있습니다.

이　　그렇습니까? 접수처는 몇 층에 있습니까?

김　　1층에 있습니다.

이　　감사합니다.

독해·작문 • 133

기무라 씨의 집은 이대 역 근처에 있습니다.
방은 넓고 매우 깨끗합니다.
방 안에 책장이랑 텔레비전이랑 테이블 등이 있습니다.
테이블 위에는 책과 노트가 있습니다.
그리고 의자 아래에 고양이가 한 마리 있습니다.

11과

기본 회화 • 139

김　　기무라 씨는 몇 식구입니까?

기무라　여섯 식구입니다.

김　　형제는 몇 명입니까?

기무라　4형제입니다. 형이 두 명, 여동생이 한 명 있습니다. 김 씨는 몇 식구입니까?

김　　가족은 3명밖에 없습니다. 부모님과 저, 3명뿐입니다.

기무라　그럼, 김 씨는 외동이네요.

김　　네, 그렇습니다. 기무라 씨는 형제가 많군요.

기무라　네, 4명이나 있어서 자동차와 자전거가 2대씩 있습니다.

제 가족을 소개하겠습니다. 아버지와 어머니와 형과 저, 네 식구입니다.

아버지는 58세이고 의사입니다. 아버지는 키가 크고 잘 생기셨습니다.

어머니는 55세이고 주부입니다. 매우 아름답고 다정하십니다.

형은 30살이고 은행원입니다. 머리가 좋고 성실합니다.

형은 여자 친구가 일본인이라서 일본어를 잘합니다.

12과

기본 회화 • 153

김 아오키 씨, 어제는 무엇을 했습니까?

아오키 도서관에서 공부를 했습니다. 김 씨는요?

김 다나카 씨의 생일 파티에 갔습니다.

아오키 오늘은 무엇을 합니까?

김 친구와 같이 영화를 봅니다. 아오키 씨는 무엇을 합니까?

아오키 저는 오늘도 공부를 합니다.
금요일에 영어 인터뷰 시험이 있어요.

김 그렇습니까?

독해·작문 • 162

저는 매일 아침 7시에 일어납니다. 저는 아침밥을 먹지 않습니다.

오늘은 11시부터 시험이었지만, 별로 공부를 하지 않았습니다.

1시부터 4시까지 도서관에서 책을 읽었습니다.

그리고 다나카 씨를 만났습니다. 같이 영화를 봤습니다.

영화는 매우 재미있었습니다. 10시에 집에 돌아왔습니다.

13과

기본 회화 • 169

김 요즘 추워졌네요.

기무라 네, 정말로 추워졌습니다.

김 저는 어제 백화점에 쇼핑하러 갔습니다.

기무라 저도 어제 백화점에 갔어요.

김 그렇습니까? 뭔가 샀습니까?

기무라 네, 여동생이 대학생이 되기 때문에 가방이랑 구두를 샀습니다.
이건 여동생 사진이에요.

김 어머, 정말로 아야 씨예요?
많이 예뻐졌네요.

독해·작문 • 174

우리 회사 앞에 레스토랑이 있습니다. 요전에 텔레비전에 이 레스토랑이 나와서 전보다 유명해졌습니다.

지난주 토요일에 저는 친구와 식사하러 갔습니다.

서비스도 매우 좋아졌습니다.

요리도 맛있고 가격도 별로 비싸지 않았습니다.

본문 해석

기본 회화 • 181

아오키   사토미 씨, 이번 주 토요일은 무슨 예정이 있습니까?

사토미   토요일이요? 아직 예정은 없습니다만……

아오키   실은 토요일에 야마다 씨와 바다에 놀러 갈 예정인데요, 사토미 씨도 같이 가지 않겠습니까?

사토미   좋네요.

아오키   저희들은 쇼난에 갈 생각입니다만, 사토미 씨는 어디에 가고 싶습니까?

사토미   저는 어디든지 괜찮아요.

아오키   그럼, 쇼난으로 합시다.

독해·작문 • 188

저는 내년 4월에 일본으로 공부하러 갈 생각입니다.
그래서 매일 일본어 교실에서 일본어를 공부하고 있습니다.
일본어 공부는 처음입니다.
일본어는 처음에는 간단했지만, 지금은 어렵습니다.
그래서 빨리 일본어를 잘하고 싶습니다.

15과

기본 회화 • 195

〈문제를 읽으면서〉

이   '다음 한자를 히라가나로 쓰세요.'
     선생님, 이 한자는 어떻게 읽습니까?

선생님   '슈미'라고 읽습니다.

이   문제2의 한자도 작아서 읽기 어렵습니다만.

선생님   그 한자는 '센코우'입니다.

이   일본어는 한자도 많고, 읽는 법도 어렵네요.

선생님   매일 한자를 쓰면서 외우세요.

     도움이 되니까요.

이   예! 매일 외우는 거예요?

독해·작문 • 202

저는 오빠와 아키하바라에 새 디지털카메라를 사러 갔습니다.
아키하바라에는 여러 가지 디지털카메라가 많이 있었습니다.
오빠와 저는 건물 안을 걸으면서 디지털카메라를 찾아 봤습니다.
결국에 저는 흰색 디지털카메라를 샀습니다.
디자인도 예쁘고, 사용법도 간단합니다.

문법 정리 포인트

3과~5과

1. 자기 소개

A はじめまして。私は 山田と 申します。 처음 뵙겠습니다. 저는 야마다라고 합니다.

B はじめまして。私は 木村です。 처음 뵙겠습니다. 저는 기무라입니다.

A どうぞ よろしく おねがいします。 잘 부탁합니다.

B こちらこそ どうぞ よろしく。 저야말로 잘 부탁합니다.

2. 〜は 〜です。 ~은(는) ~입니다.

〜は 〜ですか。 ~은(는) ~입니까?

〜は 〜では ありません。 ~은(는) ~이(가) 아닙니다.

예 キムさんは 会社員ですか。 김 씨는 회사원입니까?

→ はい、私は 会社員です。 네, 저는 회사원입니다.

いいえ、私は 会社員では ありません。 아니요, 저는 회사원이 아닙니다.

(〜では ありません = 〜じゃ ありません)

3. これは 何ですか。 이것은 무엇입니까?

これ 이것	それ 그것	あれ 저것	どれ 어느 것

예 これは 何ですか。 이것은 무엇입니까?

→ それは 辞書です。 그것은 사전입니다.

4. ～の

① (명사)의 (명사), ～의

> 예　私の 本 나의 책 (の를 해석)
>
> 日本語の 先生 일본어 선생 (の를 해석하지 않음)

② ～(의) 것

> 예　これは あなたのですか。 이것은 당신의 것입니까?
>
> → いいえ、それは 私のでは ありません。山田さんのです。
>
> 아니요. 그것은 저의 것이 아닙니다. 야마다 씨의 것입니다.

5. 今 何時ですか。　지금 몇 시입니까?

(ちょうど 정각・前 ～전・半 반)

> 예　今 何時ですか。 지금 몇 시입니까?
>
> → 5時 10分 前です。 5시 10분 전입니다.

1. 해/날짜/개수/금액

	年(년)	月(월)	日(일)	~개	~円(엔)
1	いちねん	いちがつ	ついたち	ひとつ	いちえん
2	にねん	にがつ	ふつか	ふたつ	にえん
3	さんねん	さんがつ	みっか	みっつ	さんえん
4	よねん	しがつ	よっか	よっつ	よえん
5	ごねん	ごがつ	いつか	いつつ	ごえん
6	ろくねん	ろくがつ	むいか	むっつ	ろくえん
7	ななねん	しちがつ	なのか	ななつ	ななえん
8	はちねん	はちがつ	ようか	やっつ	はちえん
9	きゅうねん	くがつ	ここのか	ここのつ	きゅうえん
10	じゅうねん	じゅうがつ	とおか	とお	じゅうえん
11	じゅういちねん	じゅういちがつ	じゅういちにち	じゅういち	じゅういちえん
12	じゅうにねん	じゅうにがつ	じゅうににち	じゅうに	じゅうにえん
°	°	°	°	°	°
14	じゅうよねん	°	じゅうよっか	じゅうよん	ひゃくえん (100엔)
°	°	°	°	°	°
20	にじゅうねん	°	はつか	にじゅう	せんえん (1000엔)
°	°	°	°	°	°
24	にじゅうよねん	°	にじゅうよっか	にじゅうよん	いちまんえん (1만 엔)
°	°	°	°	°	°
몇~	なんねん	なんがつ	なんにち	いくつ	いくら

2. 요일

무슨 요일	일	월	화	수	목	금	토
何曜日	日曜日	月曜日	火曜日	水曜日	木曜日	金曜日	土曜日
なんようび	にちようび	げつようび	かようび	すいようび	もくようび	きんようび	どようび

3. 숫자

	1~9	10~90	100~900	1000~9000	10000~90000
1	いち	じゅう	ひゃく	せん	いちまん
2	に	にじゅう	にひゃく	にせん	にまん
3	さん	さんじゅう	さんびゃく	さんぜん	さんまん
4	し・よん	よんじゅう	よんひゃく	よんせん	よんまん
5	ご	ごじゅう	ごひゃく	ごせん	ごまん
6	ろく	ろくじゅう	ろっぴゃく	ろくせん	ろくまん
7	しち・なな	ななじゅう	ななひゃく	ななせん	ななまん
8	はち	はちじゅう	はっぴゃく	はっせん	はちまん
9	きゅう・く	きゅうじゅう	きゅうひゃく	きゅうせん	きゅうまん

4. 문법 정리

① お誕生日は いつですか。 생일이(은) 언제입니까?
_{たんじょう び}

> 예 A お誕生日は いつですか。 생일이(은) 언제입니까?
> B 4月13日です。 4월 13일입니다.
> _{しがつじゅうさん にち}

② 今日は 何月何日ですか。 오늘은 몇 월 며칠입니까?
_{きょう} _{なんがつなんにち}

> 예 A 今日は 何月何日ですか。 오늘은 몇 월 며칠입니까?
> B 10月1日です。 10월 1일입니다.
> _{じゅう ついたち}

③ 何年生まれですか。 몇 년생입니까?
_{なんねん う}

> 예 A 何年生まれですか。 몇 년생입니까?
> B 1994年生まれです。 1994년생입니다.
> _{せんきゅうひゃくきゅうじゅうよ}

④ 何年生ですか。 몇 학년입니까?
_{なんねんせい}

> 예 A 何年生ですか。 몇 학년입니까?
> B 大学4年生です。 대학 4학년입니다.
> _{だいがく よ}

⑤ 全部で いくらですか。 전부 해서 얼마입니까?
_{ぜん ぶ}

> 예 A 全部で いくらですか。 전부 해서 얼마입니까?
> B 6300円です。 6300엔입니다.
> _{ろくせんさんびゃくえん}

⑥ あの、すみません。この ＿＿＿は いくらですか。

저, 실례합니다. 이 ＿＿＿는 얼마입니까?

> 예 A あの、すみません。この ケーキは いくらですか。
>
> 저, 실례합니다. 이 치즈케이크는 얼마입니까?
> B 4000円です。 4000엔입니다.
> _{よんせん}

5. 조사 정리

① ～は(wa) ～은(는)

　예　私は 銀行員です。 나는 은행원입니다.

② ～が ～이(가)

　예　どれが 私のですか。 어느 것이 나의 것입니까?

③ ～も ～도, ～역시

　예　私も 会社員です。 나도 회사원입니다.

④ ～と ～와(과)

　예　キムさんと 山田さんは 医者です。 김 씨와 야마다 씨는 의사입니다.

⑤ ～の (1) ～의 (2) ～의 것

　예　これは 私の 時計です。 이것은 나의 시계입니다.

　　　それは 誰のですか。 그것은 누구의 것입니까?

⑥ ～から ～まで ～부터 ～까지

　예　会議は 何時から 何時までですか。 회의는 몇 시부터 몇 시까지입니까?

⑦ ～を ～을(를)

　예　コーヒーと ジュースを ください。 커피와 주스를 주세요.

1. い형용사 활용표

기본형 〜이다	〜です형 〜(입)니다	〜부정형 〜지 않습니다	명사 수식 〜한 + N	〜くて 〜이고	과거형 〜했습니다	과거 부정형 〜지 않았습니다
高^{たか}い	高いです	高く ありません	高い＋N	高くて	高かったです	高く ありませんでした
広^{ひろ}い	広いです	広く ありません	広い＋N	広くて	広かったです	広く ありませんでした
暑^{あつ}い	暑いです	暑く ありません	暑い＋N	暑くて	暑かったです	暑く ありませんでした
長^{なが}い	長いです	長く ありません	長い＋N	長くて	長かったです	長く ありませんでした
早^{はや}い	早いです	早く ありません	早い＋N	早くて	早かったです	早く ありませんでした
寒^{さむ}い	寒いです	寒く ありません	寒い＋N	寒くて	寒かったです	寒く ありませんでした
易^{やさ}しい	易しいです	易しく ありません	易しい＋N	易しくて	易しかったです	易しく ありませんでした
いい よい	いいです よいです	よく ありません	いい＋N よい＋N	よくて	よかったです	よく ありませんでした

2. な형용사 활용표

기본형 〜이다	〜です형 〜(입)니다	〜부정형 〜지 않습니다	명사 수식 〜한 + N	〜で 〜이고	과거형 〜했습니다	과거 부정형 〜지 않았습니다
きれいだ	きれいです	きれいでは ありません	きれいな +N	きれいで	きれいでした	きれいでは ありませんでした
まじめだ	まじめです	まじめでは ありません	まじめな +N	まじめで	まじめでした	まじめでは ありませんでした
静かだ	静かです	静かでは ありません	静かな +N	静かで	静かでした	静かでは ありませんでした
親切だ	親切です	親切では ありません	親切な +N	親切で	親切でした	親切では ありませんでした
便利だ	便利です	便利では ありません	便利な +N	便利で	便利でした	便利では ありませんでした
有名だ	有名です	有名では ありません	有名な +N	有名で	有名でした	有名では ありませんでした
好きだ	好きです	好きでは ありません	好きな +N	好きで	好きでした	好きでは ありませんでした
上手だ	上手です	上手では ありません	上手な +N	上手で	上手でした	上手では ありませんでした

3. 존재 표현

	사물/식물	사람/동물
[긍정문]	あります	います
[부정문]	ありません	いません

예 学校は あそこに あります。 학교는 저기에 있습니다.
がっこう

先生は 会議室に います。 선생님은 회의실에 있습니다.
せんせい　かいぎしつ

4. 위치 명사

上	下	中	前	後ろ	向う
うえ	した	なか	まえ	うし	むこ
위	아래	안	앞	뒤	맞은편
右	左	横	隣	そば	間
みぎ	ひだり	よこ	となり		あいだ
오른쪽	왼쪽	옆	옆, 이웃	근처, 옆	사이

5. ~の ~に ~が あります(います) ~의 ~에 ~이(가) 있습니다

예 机の 上に 本が あります。 책상 위에 책이 있습니다.
つくえ　うえ　ほん

コンビニの 前に 妹が います。 편의점 앞에 여동생이 있습니다.
まえ　いもうと

~は ~の ~に あります(います) ~은(는) ~의 ~에 있습니다

예 辞書は 椅子の 上に あります。 사전은 의자 위에 있습니다.
じしょ　いす　うえ

山田さんは キムさんの 隣に います。 야마다 씨는 김 씨 옆에 있습니다.
やまだ　となり

6. 조사 총정리

① ～で (1) ～에서 (2) ～로

> 예 ① 食べ物の 中で 何が 一番 好きですか。 음식 중에서 무엇을 가장 좋아합니까?
>
> ② 会社まで 車で ２０分ぐらいです。 회사까지 차로 20분 정도입니다.

② ～が ～이(가)

> 예 おみやげは 何が いいですか。 여행 선물은 무엇이 좋습니까?

③ ～に (1) ～(장소)에 (2) ～(대상)에게 (3) ～(시간/요일)에

> 예 ① 公園は どこに ありますか。 공원은 어디에 있습니까?
>
> ② 私に ください。 저에게 주세요.
>
> ③ また 土曜日に。 토요일에 만나요.

④ ～とか ～라든가

> 예 すしとか 牛丼とか 日本料理が 好きです。
>
> 초밥이라든가 소고기 덮밥이라든가 일본 요리를 좋아합니다.

⑤ ～や ～や ～など ～랑 ～랑 ～등

> 예 机の 上に 本や ノートや 鉛筆 などが あります。
>
> 책상 위에 책이랑 노트랑 연필 등이 있습니다.

⑥ ～より ～보다

> 예 今日は 昨日より 寒いですね。 오늘은 어제보다 춥네요.

1. 조수사 정리

~人	~개	~枚	~匹	~杯	~本	~階
ひとり	ひとつ	いちまい	いっぴき	いっぱい	いっぽん	いっかい
ふたり	ふたつ	にまい	にひき	にはい	にほん	にかい
さんにん	みっつ	さんまい	さんびき	さんばい	さんぼん	さんがい
よにん	よっつ	よんまい	よんひき	よんはい	よんほん	よんかい
ごにん	いつつ	ごまい	ごひき	ごはい	ごほん	ごかい
ろくにん	むっつ	ろくまい	ろっぴき	ろっぱい	ろっぽん	ろっかい
しちにん	ななつ	ななまい	ななひき	ななはい	ななほん	ななかい
はちにん	やっつ	はちまい	はっぴき	はっぱい	はっぽん	はっかい
きゅうにん	ここのつ	きゅうまい	きゅうひき	きゅうはい	きゅうほん	きゅうかい
じゅうにん	とお	じゅうまい	じゅっぴき	じゅっぱい	じゅっぽん	じゅっかい
なんにん	いくつ	なんまい	なんびき	なんばい	なんぼん	なんがい

2. 가족 관계

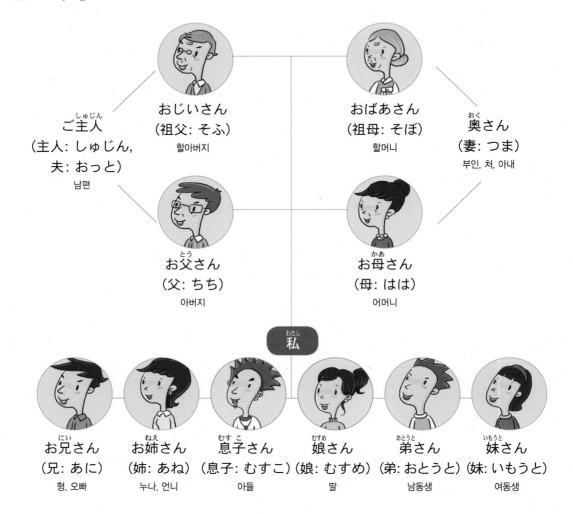

ご主人
(主人: しゅじん,
夫: おっと)
남편

おじいさん
(祖父: そふ)
할아버지

おばあさん
(祖母: そぼ)
할머니

奥さん
(妻: つま)
부인, 처, 아내

お父さん
(父: ちち)
아버지

お母さん
(母: はは)
어머니

私

お兄さん
(兄: あに)
형, 오빠

お姉さん
(姉: あね)
누나, 언니

息子さん
(息子: むすこ)
아들

娘さん
(娘: むすめ)
딸

弟さん
(弟: おとうと)
남동생

妹さん
(妹: いもうと)
여동생

3. ~の ~に ~が + 조수사 + あります(います)

예 机の 上に りんごが よっつ あります。

책상 위에 사과가 네 개 있습니다.

教室の 中に 学生が 10人 います。

교실 안에 학생이 열 명 있습니다.

4. なるの 용법 (~되다 / ~해지다 / ~하게 되다)

① 명사 : N + に なる

예 木村さんは 大学生に なりました。 대학생이 되었습니다.

② い형용사 : い + く なる

예 寒く なりました。 추워졌습니다.

③ な형용사 : だ + に なる

예 有名に なりました。 유명해졌습니다.

5. ます형 활용 총연습

기본형	뜻	종류·방법	～ます ～합니다	～ました ～했습니다	～ません ～하지 않습니다	～ませんでした ～하지 않았습니다
買う	사다		買います	買いました	買いません	買いませんでした
会う	만나다		会います	会いました	会いません	会いませんでした
行く	가다		行きます	行きました	行きません	行きませんでした
書く	쓰다	1그룹 동사	書きます	書きました	書きません	書きませんでした
話す	이야기하다		話します	話しました	話しません	話しませんでした
待つ	기다리다	（5단동사）	待ちます	待ちました	待ちません	待ちませんでした
死ぬ	죽다		死にます	死にました	死にません	死にませんでした
遊ぶ	놀다	u단 ↓	遊びます	遊びました	遊びません	遊びませんでした
飲む	마시다	i단 +	飲みます	飲みました	飲みません	飲みませんでした
ある	있다(무생물)	ます	あります	ありました	ありません	ありませんでした
読む	읽다		読みます	読みました	読みません	読みませんでした
帰る	돌아오다(가다)		帰ります	帰りました	帰りません	帰りませんでした
見る	보다	2그룹 동사 (상1단 하1단 동사) る ↓ ます	見ます	見ました	見ません	見ませんでした
食べる	먹다		食べます	食べました	食べません	食べませんでした
いる	있다(생물)		います	いました	いません	いませんでした
来る	오다	3그룹(カ행 변격동사)	来ます	来ました	来ません	来ませんでした
する	하다	3그룹(サ행 변격동사)	します	しました	しません	しませんでした

6. 조사 정리 (1)

~は ~은(는)	~の ① ~의	~に ① ~에 (있다, 없다)
~が ~이(가)	② ~의 것	② ~에게
~も ~도, ~이나	~から ~부터	③ (시간, 요일) ~에
~を ~을(를)	~まで ~까지	~で ① (장소) ~에서
~と ~와(과)	~より ~보다	② (수단, 방법, 도구) ~로
~や ~や ~など	~とか ~라든가	~へ(e) (장소) ~에/로
~랑 ~랑 ~등		(＋ 行く・来る・帰る)

7. 조사 정리 (2)

① 친구를 만나다

友達に 会う(○) / 友達を 会う(×)

예　7時に 友達に 会いました。 7시에 친구를 만났습니다.

② 버스를 타다

バスに 乗る(○) / バスを 乗る(×)

예　会社の 前で バスに 乗りました。 회사 앞에서 버스를 탔습니다.

|참고| 조사 に

~に 会う ~을(를) 만나다

~に 乗る ~을(를) 타다

~に 住む ~에 살다

~に 通う ~에 다니다

~に 着く ~에 도착하다

235

문법 정리 포인트

14과~15과

1. ます형 활용 문법 총정리

	買う	遊ぶ	食べる	～する
～ましょう ～합시다	買いましょう	遊びましょう	食べましょう	～しましょう
～ましょうか ～할까요	買いましょうか	遊びましょうか	食べましょうか	～しましょうか
～ませんか ～하지 않겠습니까	買いませんか	遊びませんか	食べませんか	～しませんか
～に 行く ～하러 가다	買いに 行く	遊びに 行く	食べに 行く	～しに 行く
～たい(です) ～하고 싶다	買いたい(です)	遊びたい(です)	食べたい(です)	～したい(です)
～方 ～하는 법	買い方	遊び方	食べ方	～し方
～ながら ～하면서	買いながら	遊びながら	食べながら	～しながら
～すぎる 너무 ～하다	買いすぎる	遊びすぎる	食べすぎる	～しすぎる
～やすい ～하기 쉽다	買いやすい	遊びやすい	食べやすい	～しやすい
～にくい ～하기 어렵다	買いにくい	遊びにくい	食べにくい	～しにくい
～なさい ～하세요, ～해라	買いなさい	遊びなさい	食べなさい	～しなさい

2. 조사 정리 (1)

~は	~은(는)	明日は キムさんの 誕生日です。 내일은 김 씨 생일입니다.
~が	~이(가)	あの 人が 田中さんですか。 저 사람이 다나카 씨입니까?
~も	1) ~도	私も 日本へ 行きたいです。 저도 일본에 가고 싶습니다.
	2) ~이나	昨日は １０時間も バイトを しました。 어제는 10시간이나 아르바이트를 했습니다.
~を	~을(를)	昨日は 何を しましたか。 어제는 무엇을 했습니까?
~から	~부터	夏休みは いつからですか。 여름방학(휴가)은 언제부터입니까?
~まで	~까지	映画は 何時から 何時までですか。 영화는 몇 시부터 몇 시까지입니까?
~と	~와(과)	友達と 一緒に 図書館へ 行きました。 친구와 함께 도서관에 갔습니다.
~の	~의	これは 私の 時計です。 이것은 제 시계입니다.
	~의 것	あの かばんは 先生のです。 저 가방은 선생님 것입니다.

3. 조사 정리 (2)

~に	1) ~에 (있다/없다)	会社は どこに ありますか。 회사는 어디에 있습니까?
	2) ~에게	田中さんに 手紙を 書きます。 다나카 씨에게 편지를 씁니다.
	3) (시간 · 요일) ~에	土曜日に 映画を 見ましょう。 토요일에 영화를 봅시다.
~で	1) ~에서 (장소)	教室で 日本語を 勉強します。 교실에서 일본어를 공부합니다.
	2) ~로 (수단·방법·도구)	英語で 話します。 영어로 이야기합니다.
~へ	(장소) ~에/로 + (行く · 来る · 帰る)	日曜日に 日本へ 行きます。 일요일에 일본에 갑니다.
~より	~보다 (비교)	木村さんは キムさんより 背が 高いです。 기무라 씨는 김 씨보다 키가 큽니다.
~とか	~라든가	日本の ドラマとか 歌が 好きです。 일본 드라마라든가 노래를 좋아합니다.
~でも	~라도, ~든지	一緒に 映画でも 見ませんか。 함께 영화라도 보지 않겠습니까?
~や ~や ~など	~랑 ~랑 ~등	机の 上に 本や ノートや 辞書などが あります。 책상 위에 책이랑 노트랑 사전 등이 있습니다.
★~に 会う	~을(를) 만나다	学校の 前で 友達に 会いました。 학교 앞에서 친구를 만났습니다.
★~に 乗る	~을(를) 타다 (교통수단)	本屋の 前で バスに 乗ります。 서점 앞에서 버스를 탑니다.

회화 표현 총정리

(1)

A: お名前は 何ですか。

이름이(은) 무엇입니까?

B: 私は 木村です。

저는 기무라입니다.

(2)

A: お仕事は 何ですか。

직업이(은) 무엇입니까?

B: 会社員です。

회사원입니다.

(3)

A: おいくつですか。(= 何さいですか)

몇 살입니까?

B: 22です。(= 22さいです。)

스물 둘입니다. (= 22살입니다.)

(4)

A: これは 何ですか。

이것은 무엇입니까?

B: それは 時計です。

그것은 시계입니다.

(5)

A: 今 何時ですか。

지금 몇 시입니까?

B: 7時 30分です。

7시 30분입니다.

(6)

A: お誕生日は いつですか。

생일이(은) 언제입니까?

B: 7月7日です。

7월 7일입니다.

(7)

A: 何年生ですか。

몇 학년입니까?

B: 大学 4年生です。

대학교 4학년입니다.

(8)

A: 何年生まれですか。

몇 년생입니까?

B: 1990年生まれです。

1990년생입니다.

(9)

A: 今日は 何月 何日 何曜日ですか。

오늘은 몇 월 며칠 무슨 요일입니까?

B: 今日は 9月1日 月曜日です。

오늘은 9월 1일 월요일입니다.

(10)

A: 電話番号は 何番ですか。

전화번호는 몇 번입니까?

B: 080-1234-5679です。

080-1234-5679입니다.

(11)

A: 全部_{ぜんぶ}で いくらですか。

전부 해서 얼마입니까?

B: ３５００円_{さんぜんごひゃくえん}です。

3500엔입니다.

(12)

A: 天気_{てんき}は どうですか。

날씨는 어떻습니까?

B: とても 暑_{あつ}いです。

참 덥습니다.

(13)

A: 映画_{えいが}は どうでしたか。

영화는 어땠습니까?

B: とても おもしろかったです。

참 재미있었습니다.

(14)

A: どんな タイプが 好_すきですか。

어떤 타입을 좋아합니까?

B: 背_せが 高_{たか}くて やさしい タイプが 好きです。

키가 크고 자상한 타입을 좋아합니다.

(15)

A: スポーツの 中_{なか}で 何_{なに}が 一番_{いちばん} 好きですか。

스포츠 중에서 무엇을 가장 좋아합니까?

B: サッカーが 一番 好きです。

축구를 가장 좋아합니다.

(16)

A: 公園_{こうえん}は どこですか。

공원은 어디입니까?

B: 学校_{がっこう}の 前_{まえ}に あります。

학교 앞에 있습니다.

(17)

A: 日本語_{にほんご}の 本_{ほん}は どこに ありますか。

일본어 책은 어디에 있습니까?

B: 机_{つくえ}の 上_{うえ}に あります。

책상 위에 있습니다.

(18)

A: キムさんは どこに いますか。

김 씨는 어디에 있습니까?

B: 教室_{きょうしつ}の 中に います。

교실 안에 있습니다.

(19)

A: 彼氏_{かれし} いますか。

남자 친구 있습니까?

B: はい、います。

예, 있습니다.

(20)

A: 彼女_{かのじょ} いますか。

여자 친구 있습니까?

B: いいえ、いません。

아니요, 없습니다.

(21)

A: 何人家族ですか。
몇 식구입니까?

B: 父と 母と 妹と 私の 4人家族です。
아빠와 엄마와 여동생과 저, 네 가족입니다.

(22)

A: 何人兄弟ですか。
몇 형제입니까?

B: 3人兄弟です。 私は 末っ子です。
3형제예요. 저는 막내입니다.

(23)

A: 血液型は 何型ですか。
혈액형이 무슨 형입니까?

B: B型です。 B형입니다.

(24)

A: 明日は 何を しますか。
내일은 무엇을 합니까?

B: 明日は 友達と 一緒に 遊びに 行きます。
내일은 친구와 함께 놀러 갑니다.

(25)

A: 昨日は 何を しましたか。
어제는 무엇을 했습니까?

B: 昨日は 妹と 一緒に 映画を 見ました。
어제는 여동생과 함께 영화를 봤습니다.

(26)

A: 趣味は 何ですか。
취미는 무엇입니까?

B: 音楽を 聞く ことです。
음악듣기입니다.

(27)

A: 専攻は 何ですか。
전공은 무엇입니까?

B: 経営です。
경영입니다.

(28)

A: 何か 予定が ありますか。
뭔가 예정이 있습니까?

B: 大阪へ 旅行に 行く 予定です。
오사카에 여행하러 갈 예정입니다.

(29)

A: 食べる 前に 日本語で 何と いいますか。
먹기 전에 일본어로 뭐라고 합니까?

B:「いただきます」と いいます。
'이타다키마스(잘 먹겠습니다)'라고 합니다.

(30)

A: 寝る 前に 日本語で 何と いいますか。
자기 전에 일본어로 뭐라고 합니까?

B:「おやすみなさい」と いいます。
'오야스미나사이(안녕히 주무세요)'라고 합니다.

（31）

A: 朝の あいさつは 日本語で 何と いい
ますか。

아침 인사는 일본어로 뭐라고 합니까?

B: 「おはようございます」と いいます。

오하요고자이마스(안녕하세요)'라고 합니다.

（32）

A: 家から 学校まで どのぐらい かかり
ますか。

집에서 학교까지 얼마나 걸립니까?

B: バスで ２０分ぐらい かかります。

버스로 20분정도 걸립니다.

3과

1 わたしは (O)
わたしわ (X)

2 こんにちは (O)
こんにちわ (X)
ごんにちは (X)

3 こんばんは (O)
こんばんわ (X)
ごんばんは (X)

4 山田<ruby>山田<rt>やま だ</rt></ruby>さん (O)
山田さ (X)

5 私<ruby>私<rt>わたし</rt></ruby>は 学生<ruby>学生<rt>がくせい</rt></ruby>では ありません。(O)
私は 学生が ありません。(X)

6 がくせい (O)
がっせい (X)

7 かいしゃいん (O)
がいしゃいん (X)

4과

1 それは わたしのでは ありません。(O)
それは わたしのが ありません。(X)

2 日本語<ruby>日本語<rt>に ほん ご</rt></ruby>の 本<ruby>本<rt>ほん</rt></ruby> (O)
日本語本 (X)

3 いいえ、これは 私<ruby>私<rt>わたし</rt></ruby>のです。(O)
いいえ、これは 私です。(X)

5과

1 4時 ー よじ (O)
しじ (X)
よんじ (X)

2 7時 ー しちじ (O)
ななじ (X)

3 9時 ー くじ (O)
きゅうじ (X)

4 10分 ー じゅっぷん (O)
じゅうぷん (X)

6과

1 4年 ー よねん (O)
よんねん (X)

2 4月 ー しがつ (O)
よがつ (X)

3 9月 ー くがつ (O)
きゅうがつ (X)

4 月曜日 ー げつようび (O)
がつようび (X)

5 2日 ─ ふつか (O)
　　　　ににち (X)

6 5日 ─ いつか (O)
　　　　ごにち (X)

7 14日 ─ じゅうよっか (O)
　　　　じゅうよんにち (X)

7과

1 3000 ─ さんぜん (O)
　　　　さんせん (X)

2 600 ─ ろっぴゃく (O)
　　　　ろくぴゃく (X)

3 6000 ─ ろくせん (O)
　　　　ろっせん (X)
※표기할 때는 ろくせん, 발음할 때는 ろっせん.

8과

1 ふるい (O)
　　ふろい (X)

2 おもしろい (O)
　　おもしるい (X)

3 あまり よく ないです。(O)
　　あまり いく ないです。(X)

4 よかったです。(O)
　　いかったです。(X)

5 おもしろかったです。(O)
　　おもしろいでした。(X)

6 かわいく ないです。(O)
　　かわく ないです。(X)

9과

1 日本語が 好きですか。(O)
　　日本語を 好きですか。(X)

2 日本語が じょうずですね。(O)
　　日本語を じょうずですね。(X)

3 きれいでは ありません。(O)
　　きれく ありません。(X)

4 ゆうめいでは ありません。(O)
　　ゆうめく ありません。(X)

10과

1 公園は どこに ありますか。(O)
　　公園は どこへ ありますか。(X)

2 椅子の 下に ねこが います。(O)
　　椅子の 下に ねこが あります。(X)

3 机の 上に 本が あります。(O)
　　机上に 本が あります。(X)

1 机は ひとつしか ありません。(O)

　机は ひとつだけ ありません。(X)

2 机の 下に 猫が いっぴき います。(O)

　机の 下に 猫が いっぴき あります。(X)

3 キムさんの お父さんは 会社員です。(O)

　キムさんの 父は 会社員です。(X)

4 教室の 中に 学生が 一人 います。(O)

　教室の 中で 学生が 一人 います。(X)

12과

1 家へ 帰ります。(O)

　家へ 帰ます。(X)

2 部屋で 音楽を 聞きます。(O)

　部屋に 音楽を 聞きます。(X)

3 学校の 前で 木村さんを 待ちます。(O)

　学校の 前に 木村さんを 待ちます。(X)

4 友達に 会いました。(O)

　友達を 会いました。(X)

5 スーパーの 前で バスに 乗ります。(O)

　スーパーの 前で バスを 乗ります。(X)

6 旅行を します。(O)

　旅行を 行きます。(X)

13과

1 日本語の 先生に なりました。(O)

　日本語の 先生が なりました。(X)

2 山田さんは きれいに なりました。(O)

　山田さんは きれく なりました。(X)

14과 ~ 15과

1 音楽を 聞きながら 勉強を します。(O)

　音楽を 聞くながら 勉強を します。(X)

2 この 漢字の 読み方が わかりません。(O)

　この 漢字の 読み方を わかりません。(X)

3 私は 日本へ 行きたいです。(O)

　私は 日本へ 行くたいです。(X)

4 私は 医者に なりたいです。(O)

　私は 医者が なりたいです。(X)

5 田中さんに 会いたいです。(O)

　田中さんを 見たいです。(X)

어휘 총정리

3과

- [ ] あなた 당신
- [ ] いいえ 아니요
- [ ] イギリス人(じん) 영국인
- [ ] 医者(いしゃ) 의사
- [ ] 会員(かいいん) 회원
- [ ] 会社(かいしゃ) 회사
- [ ] 会社員(かいしゃいん) 회사원
- [ ] 学生(がくせい) 학생
- [ ] かのじょ 그녀, 그 여자
- [ ] かれ 그, 그 남자
- [ ] 韓国人(かんこくじん) 한국인
- [ ] 君(きみ) 너, 자네
- [ ] 銀行員(ぎんこういん) 은행원
- [ ] 軍人(ぐんじん) 군인
- [ ] こちら 이쪽, 이분
- [ ] こちらこそ 저야말로
- [ ] ～さん ～씨
- [ ] 社員(しゃいん) 사원
- [ ] 社会(しゃかい) 사회
- [ ] 主婦(しゅふ) 주부
- [ ] 先生(せんせい) 선생님
- [ ] 大学生(だいがくせい) 대학생
- [ ] 誰(だれ) 누구
- [ ] 中国人(ちゅうごくじん) 중국인
- [ ] ～で ～이고
- [ ] ～では ありません ～이(가) 아닙니다
- [ ] ドイツ人(じん) 독일인
- [ ] どうぞ よろしく おねがいします 잘 부탁합니다
- [ ] ～と 申(もう)します ～라고 합니다
- [ ] 日本人(にほんじん) 일본인

- [ ] はじめまして 처음 뵙겠습니다
- [ ] フランス人(じん) 프랑스인
- [ ] わたくし 저
- [ ] 私(わたし) 나, 저

4과

- [ ] あの 저
- [ ] あれ 저것
- [ ] 椅子(いす) 의자
- [ ] 傘(かさ) 우산
- [ ] 韓国語(かんこくご) 한국어
- [ ] 靴(くつ) 신발, 구두
- [ ] この 이
- [ ] これ 이것
- [ ] 雑誌(ざっし) 잡지
- [ ] 辞書(じしょ) 사전
- [ ] 新聞(しんぶん) 신문
- [ ] その 그
- [ ] それ 그것
- [ ] 机(つくえ) 책상
- [ ] デジカメ 디카, 디지털카메라
- [ ] 電話(でんわ) 전화
- [ ] ～と ～와(과)
- [ ] 時計(とけい) 시계
- [ ] ところで 그런데
- [ ] どの 어느
- [ ] 友達(ともだち) 친구
- [ ] どれ 어느 것
- [ ] 何(なん)ですか 무엇입니까?
- [ ] 日本語(にほんご) 일본어

- ☐ ～の ～의, ～의 것
- ☐ 人(ひと) 사람
- ☐ 二人(ふたり) 두 명, 두 사람
- ☐ 本(ほん) 책
- ☐ 本社(ほんしゃ) 본사
- ☐ 本物(ほんもの) 진품
- ☐ 眼鏡(めがね) 안경
- ☐ ～も ～도, ～역시
- ☐ 物(もの) 물건

5과

- ☐ 明日(あした) 내일
- ☐ 後(あと) 후, 나중
- ☐ あります 있습니다
- ☐ うち 우리
- ☐ 映画(えいが) 영화
- ☐ お久(ひさ)しぶりです 오래간만입니다
- ☐ ～が ～이(가)
- ☐ 会議(かいぎ) 회의
- ☐ 学校(がっこう) 학교
- ☐ ～から ～まで ～부터 ～까지
- ☐ 銀行(ぎんこう) 은행
- ☐ 午後(ごご) 오후
- ☐ 午前(ごぜん) 오전
- ☐ 小学生(しょうがくせい) 초등학생
- ☐ 食事(しょくじ) 식사
- ☐ スーパー 슈퍼(마켓)
- ☐ 近(ちか)く 근처
- ☐ 中学生(ちゅうがくせい) 중학생
- ☐ テスト 시험

- ☐ 何時(なんじ) 몇 시
- ☐ 半(はん) 반
- ☐ 久(ひさ)しぶり 오래간만
- ☐ 前(まえ) 전, 앞
- ☐ 約束(やくそく) 약속
- ☐ 郵便局(ゆうびんきょく) 우체국

6과

- ☐ あさって 모레
- ☐ いつ 언제
- ☐ おめでとうございます 축하합니다
- ☐ 火曜日(かようび) 화요일
- ☐ 昨日(きのう) 어제
- ☐ 今日(きょう) 오늘
- ☐ 金曜日(きんようび) 금요일
- ☐ 月曜日(げつようび) 월요일
- ☐ 子供(こども)の 日(ひ) 어린이날
- ☐ コンサート 콘서트
- ☐ 今週(こんしゅう) 이번 주
- ☐ 作文(さくぶん) 작문
- ☐ 趣味(しゅみ) 취미
- ☐ 水泳(すいえい) 수영
- ☐ 水曜日(すいようび) 수요일
- ☐ 先週(せんしゅう) 지난주
- ☐ そうですか 그렇습니까?
- ☐ 大学(だいがく) 대학
- ☐ 誕生日(たんじょうび) 생일
- ☐ ～でした ～였습니다
- ☐ テニス 테니스
- ☐ 土曜日(どようび) 토요일

247

어휘 총정리

- □ 夏休(なつやす)み 여름방학, 여름휴가
- □ 何月(なんがつ) 몇 월
- □ 何日(なんにち) 며칠
- □ 何曜日(なんようび) 무슨 요일
- □ 日曜日(にちようび) 일요일
- □ ～年生(ねんせい) ～학년
- □ 冬休(ふゆやす)み 겨울방학, 겨울휴가
- □ 文化(ぶんか) 문화
- □ 文学(ぶんがく) 문학
- □ 本文(ほんぶん) 본문
- □ まつり 축제
- □ みなさん 여러분
- □ 木曜日(もくようび) 목요일
- □ 来週(らいしゅう) 다음 주

7과

- □ アイスクリーム 아이스크림
- □ アイスコーヒー 아이스커피
- □ いい 좋다
- □ いくつ 몇 개, 얼마
- □ いくらですか 얼마입니까?
- □ いつつ 다섯 개
- □ いらっしゃいませ 어서 오세요
- □ うどん 우동
- □ ～円(えん) ～엔 (일본의 화폐단위)
- □ お名前(なまえ) 이름, 성함
- □ おねがいします 부탁합니다
- □ ～が ～(이)지만
- □ 会食(かいしょく) 회식
- □ クッキー 쿠키

- □ ケーキ 케이크
- □ コーヒー 커피
- □ コーラ 콜라
- □ ここのつ 아홉 개
- □ サイズ 사이즈
- □ さしみ 회
- □ 品物(しなもの) 물건
- □ ～じゃ(= では) 그럼, 그러면
- □ じゅういち 열한 개
- □ 食堂(しょくどう) 식당
- □ 食料(しょくりょう) 식료
- □ スカート 스커트
- □ ズボン 바지
- □ すみません 실례합니다, 죄송합니다
- □ セーター 스웨터
- □ 全部(ぜんぶ)で 전부 해서, 전부 합해서
- □ それから 그리고
- □ 高(たか)い 비싸다
- □ チーズケーキ 치즈케이크
- □ ちょっと 좀, 약간
- □ 店員(てんいん) 점원
- □ とお 열 개
- □ どちらも 어느 쪽도, 둘 다
- □ とんカツ 돈가스
- □ ななつ 일곱 개
- □ ハンバーガー 햄버거
- □ ひとつ 한 개
- □ ふたつ 두 개
- □ ブラウス 블라우스
- □ 店(みせ) 가게
- □ みっつ 세 개
- □ ミルク 밀크, 우유

□ むっつ 여섯 개
□ 安(やす)い 싸다
□ やっつ 여덟 개
□ よっつ 네 개
□ ～より ～보다
□ 料理(りょうり) 요리
□ ～を ～을(를)

8과

□ 青(あお)い 파랗다
□ 赤(あか)い 빨갛다
□ 明(あか)るい 밝다
□ 秋(あき) 가을
□ 暖(あたた)かい 따뜻하다
□ 新(あたら)しい 새롭다
□ 暑(あつ)い 덥다
□ 熱(あつ)い 뜨겁다
□ あまい 달다
□ あまり 별로
□ 忙(いそが)しい 바쁘다
□ 痛(いた)い 아프다
□ 一番(いちばん) 가장, 제일
□ うつくしい 아름답다
□ うれしい 기쁘다
□ 英語(えいご) 영어
□ おいしい 맛있다
□ 多(おお)い 많다
□ 大(おお)きい 크다
□ 遅(おそ)い 느리다
□ 重(おも)い 무겁다

□ おもしろい 재미있다
□ ～かったです ～였습니다
□ かなしい 슬프다
□ 髪(かみ) 머리(카락)
□ からい 맵다
□ 軽(かる)い 가볍다
□ かわいい 귀엽다
□ 簡単(かんたん)だ 간단하다
□ 黄色(きいろ)い 노랗다
□ 暗(くら)い 어둡다
□ 黒(くろ)い 검다
□ 最近(さいきん) 최근, 요즘
□ 寒(さむ)い 춥다
□ しぶい 떫다
□ しました 했습니다
□ しょっぱい 짜다
□ 白(しろ)い 하얗다
□ 少(すく)ない 적다
□ 涼(すず)しい 서늘하다, 시원하다
□ すっぱい 시다
□ すばらしい 훌륭하다
□ 背(せ)が 高(たか)い 키가 크다
□ 背(せ)が 低(ひく)い 키가 작다
□ 狭(せま)い 좁다
□ それで 그래서
□ タイプ 타입
□ 高(たか)い 높다
□ 楽(たの)しい 즐겁다
□ 小(ちい)さい 작다
□ 近(ちか)い 가깝다
□ 中国語(ちゅうごくご) 중국어
□ つまらない 재미없다

어휘 총정리

- [ ] 冷(つめ)たい 차갑다
- [ ] 天気(てんき) 날씨
- [ ] どうでしたか 어땠습니까?
- [ ] どうですか 어떻습니까?
- [ ] 遠(とお)い 멀다
- [ ] とても 매우, 아주
- [ ] 長(なが)い 길다
- [ ] 仲(なか)が いい 사이가 좋다
- [ ] 夏(なつ) 여름
- [ ] にがい 쓰다
- [ ] パーティー 파티
- [ ] 速(はや)い 빠르다
- [ ] 早(はや)い 이르다
- [ ] 春(はる) 봄
- [ ] ハンサムだ 잘생기다, 핸섬하다
- [ ] 低(ひく)い 낮다
- [ ] 広(ひろ)い 넓다
- [ ] 冬(ふゆ) 겨울
- [ ] 古(ふる)い 오래되다
- [ ] 部屋(へや) 방
- [ ] 勉強(べんきょう) 공부
- [ ] まずい 맛없다
- [ ] みかん 귤
- [ ] 短(みじか)い 짧다
- [ ] 無視(むし) 무시
- [ ] 難(むずか)しい 어렵다
- [ ] 無知(むち) 무지
- [ ] 無理(むり) 무리
- [ ] 無料(むりょう) 무료
- [ ] 易(やさ)しい 쉽다
- [ ] 優(やさ)しい 자상하다, 상냥하다
- [ ] よい 좋다

- [ ] 旅行(りょこう) 여행
- [ ] りんご 사과
- [ ] レストラン 레스토랑
- [ ] 悪(わる)い 나쁘다

9과

- [ ] 歌手(かしゅ) 가수
- [ ] 嫌(きら)いだ 싫어하다
- [ ] きれいだ 예쁘다, 깨끗하다
- [ ] クラス (학교의) 반, 클래스
- [ ] 元気(げんき) 건강, 기운
- [ ] 元気(げんき)だ 건강하다
- [ ] 交通(こうつう) 교통
- [ ] 好(この)み 취향
- [ ] サッカー 축구
- [ ] 散歩(さんぽ) 산책
- [ ] 試合(しあい) 시합
- [ ] 静(しず)かだ 조용하다
- [ ] 親(した)しい 친하다
- [ ] 写真(しゃしん) 사진
- [ ] 重要(じゅうよう)だ 중요하다
- [ ] 上手(じょうず)だ 잘하다, 능숙하다
- [ ] 丈夫(じょうぶ)だ 튼튼하다
- [ ] 親切(しんせつ)だ 친절하다
- [ ] 新鮮(しんせん)だ 신선하다
- [ ] 心配(しんぱい)だ 걱정이다
- [ ] 好(す)きだ 좋아하다
- [ ] すてきだ 멋지다, 근사하다
- [ ] スポーツ 스포츠
- [ ] ぜんぜん 違(ちが)います 전혀 다릅니다

□ 大丈夫(だいじょうぶ)だ 괜찮다

□ だめだ 안 된다

□ 電気(でんき) 전기

□ 〜とか 〜라든가

□ 得意(とくい)だ 잘하다, 제일 자신 있다

□ 読書(どくしょ) 독서

□ 都市(とし) 도시

□ どんな 어떤, 어떠한

□ 何(なに) 무엇

□ 苦手(にがて)だ 잘 못하다, 질색이다

□ にぎやかだ 번화하다

□ 日本料理(にほんりょうり) 일본요리

□ 〜の 中(なか)で 〜중에서

□ 〜の 方(ほう) 〜의 쪽(편)

□ 暇(ひま)だ 한가하다

□ ビル 빌딩

□ 不便(ふべん)だ 불편하다

□ 下手(へた)だ 잘 못하다, 서투르다

□ 便利(べんり)だ 편리하다

□ 本気(ほんき) 진심, 본심

□ まじめだ 성실하다

□ 街(まち) 거리

□ 野球(やきゅう) 야구

□ 有名(ゆうめい)だ 유명하다

□ 楽(らく)だ 편안하다, 쉽다

□ 立派(りっぱ)だ 훌륭하다

□ 間(あいだ) 사이

□ ありがとうございました 감사합니다

□ 家(いえ/うち) 집

□ 一階(いっかい) 1층

□ いっぴき 한 마리

□ 上(うえ) 위

□ 受付(うけつけ) 접수처, 카운터

□ 後(うし)ろ 뒤

□ 映画館(えいがかん) 영화관

□ 駅(えき) 역

□ 会議室(かいぎしつ) 회의실

□ かばん 가방

□ 教室(きょうしつ) 교실

□ 〜ぐらい 〜정도

□ 車(くるま) 차, 자동차

□ 公園(こうえん) 공원

□ コンビニ 편의점

□ 下(した) 아래

□ そして 그리고

□ 外(そと) 밖

□ そば 옆, 근처

□ テーブル 테이블

□ デパート 백화점

□ テレビ 텔레비전

□ トイレ 화장실

□ どこ 어디

□ 隣(となり) 옆, 이웃

□ 中(なか) 안, 속

□ 何階(なんがい) 몇 층

□ 何人(なんにん) 몇 명

251

어휘 총정리

□ 〜に 〜에
□ 猫(ねこ) 고양이
□ ノート 노트
□ 箱(はこ) 상자
□ 左(ひだり) 왼쪽
□ ひとクラス 한 반
□ 病院(びょういん) 병원
□ ベッド 침대
□ 本棚(ほんだな) 책장
□ 本屋(ほんや) 서점, 책방
□ 右(みぎ) 오른쪽
□ 約(やく) 약〜
□ 山(やま) 산
□ 〜や 〜や 〜など 〜랑 〜랑 〜등
□ 横(よこ) 옆
□ 料金(りょうきん) 요금

11과

□ 頭(あたま)が いい 머리가 좋다
□ 兄(あに) 형, 오빠
□ 姉(あね) 누나, 언니
□ 妹(いもうと) 여동생
□ 院長(いんちょう) 원장
□ 鉛筆(えんぴつ) 연필
□ お金(かね) 돈
□ 奥(おく)さん 부인
□ 弟(おとうと) 남동생
□ 男(おとこ)の 人(ひと) 남자
□ 女(おんな)の 人(ひと) 여자
□ 会長(かいちょう) 회장
□ かき 감

□ 家族(かぞく) 가족
□ 兄弟(きょうだい) 형제
□ 校長(こうちょう) 교장
□ 皿(さら) 접시
□ 〜しか ありません 〜밖에 없습니다
□ 〜しか いません 〜밖에 없습니다
□ 自転車(じてんしゃ) 자전거
□ します 합니다
□ 社長(しゃちょう) 사장
□ 主人(しゅじん) 남편
□ 紹介(しょうかい) 소개
□ 上手(じょうず)だ 잘하다
□ 〜ずつ 〜씩
□ 全部(ぜんぶ) 전부
□ 祖父(そふ) 할아버지
□ 祖母(そぼ) 할머니
□ 〜台(だい) 〜대
□ 大学院(だいがくいん) 대학원
□ 大事(だいじ)だ 중요하다, 소중하다
□ 大変(たいへん)だ 힘들다, 큰일이다
□ 〜だけ 〜만, 〜뿐
□ 父(ちち) 아버지
□ 妻(つま) 처, 아내
□ 〜ので 〜(이)니까, 〜(이)기 때문에
□ 母(はは) 어머니
□ 一人(ひとり)っ子(こ) 독자, 외동이
□ 部長(ぶちょう) 부장
□ 息子(むすこ) 아들
□ 娘(むすめ) 딸
□ 無理(むり)だ 무리이다, 힘들다
□ 〜も 〜(이)나, 〜도
□ 休(やす)み 휴식, 휴일

□ 家賃(やちん) 집세
□ 4人(よにん) 4명
□ 両親(りょうしん) 부모, 양친
□ 6人(ろくにん) 6명

12과

□ 会(あ)う 만나다
□ 朝(あさ) 아침
□ 朝(あさ)ごはん 아침밥
□ 遊(あそ)ぶ 놀다
□ 行(い)く 가다
□ インタビューテスト 인터뷰 시험
□ 家(うち)へ 帰(かえ)る 집에 돌아오(가)다
□ 映画(えいが)を 見(み)る 영화를 보다
□ 英語(えいご)で 話(はな)す 영어로 이야기하다
□ 起(お)きる 일어나다
□ お酒(さけ)を 飲(の)む 술을 마시다
□ 教(おし)える 가르치다
□ 音楽(おんがく)を 聞(き)く 음악을 듣다
□ 買(か)い物(もの)を する 쇼핑을 하다
□ 会話(かいわ) 회화
□ 買(か)う 사다
□ 帰(かえ)る 돌아오다(가다)
□ 書(か)く 쓰다
□ 韓国(かんこく)へ 来(く)る 한국에 오다
□ 来(く)る 오다
□ 新聞(しんぶん)を 読(よ)む 신문을 읽다
□ する 하다
□ 食(た)べる 먹다
□ 通話(つうわ) 통화
□ ～で ～에서

□ デパート 백화점
□ ～と 一緒(いっしょ)に ～와(과) 함께
□ 図書館(としょかん) 도서관
□ ～に 会(あ)う ～을(를) 만나다
□ 日本語学校(にほんごがっこう) 일본어 학교
□ 寝(ね)る 자다
□ 飲(の)む 마시다
□ 乗(の)る 타다
□ バスに 乗(の)る 버스를 타다
□ 話(はな)す 이야기하다
□ 早(はや)く 일찍, 빨리
□ パンを 作(つく)る 빵을 만들다
□ プレゼント 선물
□ ～へ[e] ～에
□ 本(ほん)を 読(よ)む 책을 읽다
□ 毎朝(まいあさ) 매일 아침
□ 待(ま)つ 기다리다
□ 見(み)る 보다
□ メールを 書(か)く 메일을 쓰다
□ 読(よ)む 읽다
□ レポートを 書(か)く 리포트를 쓰다

13과

□ 犬(いぬ) 개
□ 運動(うんどう) 운동
□ 買(か)い物(もの) 쇼핑
□ 教室(きょうしつ) 교실
□ ～く なる ～하게 되다, ～해지다
□ 恋人(こいびと) 애인
□ このあいだ 요전번, 지난번
□ サービス 서비스

어휘 총정리

- □ サービス 서비스
- □ 週末(しゅうまつ) 주말
- □ 宿題(しゅくだい) 숙제
- □ ずいぶん 꽤, 많이
- □ 成績(せいせき) 성적
- □ 大変(たいへん) 매우, 대단히
- □ デート 데이트
- □ 出(で)る 나오다
- □ 何(なに)か 뭔가
- □ ～に 行(い)く ～하러 가다
- □ ～に なる ～이(가) 되다
- □ 値段(ねだん) 가격
- □ 花見(はなみ) 꽃구경, 꽃놀이
- □ 本当(ほんとう)に 정말로
- □ 町(まち) 마을
- □ 問題(もんだい) 문제
- □ 話題(わだい) 화제

14과

- □ 海(うみ) 바다
- □ 音楽(おんがく) 음악
- □ 今度(こんど) 이번
- □ 最初(さいしょ) 최초, 처음
- □ 試験(しけん) 시험
- □ 実(じつ)は 사실은, 실은
- □ 主人公(しゅじんこう) 주인공
- □ 上手(じょうず)に 능숙하게
- □ 女性(じょせい) 여성
- □ すし 초밥
- □ 性格(せいかく) 성격
- □ 性別(せいべつ) 성별

- □ 専攻(せんこう) 전공
- □ ～たい ～하고 싶다
- □ だから 그러니까
- □ 男性(だんせい) 남성
- □ ～つもり ～할 생각(예정, 작정)
- □ ～て います ～하고 있습니다
- □ ～でも ～든지, ～라도
- □ なる 되다
- □ ～に する ～로 하다
- □ 日本語教室(にほんごきょうしつ) 일본어 교실
- □ 日本語(にほんご)で 話(はな)す 일본어로 이야기하다
- □ はじめて 처음
- □ 場所(ばしょ) 장소
- □ 飛行機(ひこうき) 비행기
- □ 毎日(まいにち) 매일
- □ ～ましょう ～합시다
- □ ～ませんか ～하지 않겠습니까?
- □ メニュー 메뉴
- □ 予定(よてい) 예정
- □ 来年(らいねん) 내년

15과

- □ 秋葉原(あきはばら) 아키하바라(지명)
- □ 開(あ)ける 열다
- □ 足(あし) 다리, 발
- □ 頭(あたま) 머리
- □ アパート 아파트
- □ 歩(ある)く 걷다
- □ いろいろな 여러 가지
- □ 選(えら)ぶ 고르다, 선택하다

□ お腹(なか)が 痛(いた)い 배가 아프다

□ 覚(おぼ)えて ください 외우세요, 외워 주세요

□ かかる (시간이) 걸리다

□ 風(かぜ)が 強(つよ)い 바람이 세다

□ カタカナ 가타카나

□ ~から ~(이)니까, ~(이)기 때문에

□ カラオケ 노래방

□ カメラ 카메라

□ 漢字(かんじ) 한자

□ 気分(きぶん)が 悪(わる)い 기분이 좋지 않다,
　　　　　　　　　　　　　 속이 좋지 않다

□ 結局(けっきょく) 결국

□ 探(さが)して みました 찾아 봤습니다

□ 手術(しゅじゅつ) 수술

□ 手話(しゅわ) 수화

□ スニーカー 스니커즈, 운동화

□ 選手(せんしゅ) 선수

□ たくさん 많이

□ 正(ただ)しい 바르다

□ 建物(たてもの) 건물

□ 単語(たんご) 단어

□ 使(つか)い方(かた) 사용법

□ 使(つか)う 사용하다, 쓰다

□ 次(つぎ) 다음

□ デザイン 디자인

□ ~でしょう ~겠죠, 이죠 (추측)

□ ~と 読(よ)む ~라고 읽는다

□ どう 어떻게

□ 習(なら)う 배우다

□ のど 목, 목구멍

□ パイナップル 파인애플

□ ハイヒール 하이힐

□ バスで 버스로

□ バナナ 바나나

□ ピアノを 弾(ひ)く 피아노를 치다

□ ひらがな 히라가나

□ ペン 펜

□ 窓(まど) 창문

□ みんな 모두

□ 役(やく)に 立(た)つ 도움이 되다

□ 夕(ゆう)ごはん 저녁밥

□ 読(よ)み方(かた) 읽는 법

□ ~んです ~하는 겁니다, ~인데요, ~인 것입니다

음원 파일 리스트

Memo

Memo

Memo

동양북스

가나·한자

쓰기노트

가나·한자
쓰기노트

동양북스

|히라가나 청음^{清音}| '청음'은 맑은 소리란 뜻.

あ	ー	十	あ	あ	あ	あ	あ
아[a]							

い		い	い	い	い	い	い
이[i]							

う	`	う	う	う	う	う	う
우[u]							

え	`	え	え	え	え	え	え
에[e]							

お	ー	お	お	お	お	お	お
오[o]							

2

か	つ	カ	か	か	か	か	か
카[ka]							

き	一	二	き	き	き	き	き
키[ki]							

く	く	く	く	く	く	く	く
쿠[ku]							

け	l	l‐	け	け	け	け	け
케[ke]							

こ	っ	こ	こ	こ	こ	こ	こ
코[ko]							

	ー	さ	さ	さ	さ	さ	さ
さ 사[sa]							

	し	し	し	し	し	し	し
し 시[shi]							

	ー	す	す	す	す	す	す
す 스[su]							

	ー	ナ	せ	せ	せ	せ	せ
せ 세[se]							

	そ	そ	そ	そ	そ	そ	そ
そ 소[so]							

4

た	ー	ナ	た	た	た	た	た
타[ta]							

ち	ー	ち	ち	ち	ち	ち	ち
치[chi]							

つ	つ	つ	つ	つ	つ	つ	つ
츠[tsu]							

て	て	て	て	て	て	て	て
테[te]							

と	ヽ	と	と	と	と	と	と
토[to]							

히라가나 청음清音 | '청음'은 맑은 소리란 뜻.

な	⁻	ナ	ナ	な	な	な	な
나[na]							

に	ı	に	に	に	に	に	に
니[ni]							

ぬ	＼	ぬ	ぬ	ぬ	ぬ	ぬ	ぬ
누[nu]							

ね	｜	ね	ね	ね	ね	ね	ね
네[ne]							

の	の	の	の	の	の	の	の
노[no]							

は	し	に	は	は	は	は	は
하[ha]							

ひ	ひ	ひ	ひ	ひ	ひ	ひ	ひ
히[hi]							

ふ	`	ふ	ふ	ふ	ふ	ふ	ふ
후[fu]							

へ	へ	へ	へ	へ	へ	へ	へ
헤[he]							

ほ	し	に	に	ほ	ほ	ほ	ほ
호[ho]							

|히라가나 청음清音| '청음'은 맑은 소리란 뜻.

ま	一	=	ま	ま	ま	ま	ま
마[ma]							

み	み	み	み	み	み	み	み
미[mi]							

む	一	む	む	む	む	む	む
무[mu]							

め	＼	め	め	め	め	め	め
메[me]							

も	し	も	も	も	も	も	も
모[mo]							

8

や	つ	う	や	や	や	や	や
야[ya]							

ゆ	い	ゆ	ゆ	ゆ	ゆ	ゆ	ゆ
유[yu]							

よ	-	よ	よ	よ	よ	よ	よ
요[yo]							

쓰기 어려운 글자 연습

에

오

소

나

누

미

9

ら
라[ra]

` ら ら ら ら ら ら

り
리[ri]

ｌ り り り り り り

る
루[ru]

る る る る る る る

れ
레[re]

ｌ れ れ れ れ れ れ

ろ
로[ro]

ろ ろ ろ ろ ろ ろ ろ

わ	l	わ	わ	わ	わ	わ	わ
와[wa]							

を	一	た	を	を	を	を	を
오[o]							

ん	ん	ん	ん	ん	ん	ん	ん
응[N]							

─── 쓰기 어려운 글자 연습 ───

め	ひ	る
메	히	루
れ	わ	を
레	와	오

|가타카나 청음淸音| '청음'은 맑은 소리란 뜻.

ア	⁷	⁷ア	ア	ア	ア	ア	ア
아[a]							

イ	ノ	イ	イ	イ	イ	イ	イ
이[i]							

ウ	ˋ	ˋˊ	ウ	ウ	ウ	ウ	ウ
우[u]							

エ	ー	ー丁	エ	エ	エ	エ	エ
에[e]							

オ	ー	一才	オ	オ	オ	オ	オ
오[o]							

カ	フ	カ	カ	カ	カ	カ	カ
카[ka]							

キ	ー	ニ	キ	キ	キ	キ	キ
키[ki]							

ク	ノ	ク	ク	ク	ク	ク	ク
쿠[ku]							

ケ	ノ	ケ	ケ	ケ	ケ	ケ	ケ
케[ke]							

コ	フ	コ	コ	コ	コ	コ	コ
코[ko]							

|가타카나 청음^{清音}| '청음'은 맑은 소리란 뜻.

サ	一	十	サ	サ	サ	サ	サ
사[sa]							

シ	`	``	シ	シ	シ	シ	シ
시[shi]							

ス	フ	ス	ス	ス	ス	ス	ス
스[su]							

セ	⁻	セ	セ	セ	セ	セ	セ
세[se]							

ソ	`	ソ	ソ	ソ	ソ	ソ	ソ
소[so]							

タ	ノ	ク	タ	タ	タ	タ	タ
타[ta]							

チ	ノ	二	チ	チ	チ	チ	チ
치[chi]							

ツ	ヽ	ヽヽ	ツ	ツ	ツ	ツ	ツ
츠[tsu]							

テ	一	二	テ	テ	テ	テ	テ
테[te]							

ト	l	ト	ト	ト	ト	ト	ト
토[to]							

|가타카나 청음^{清音}| '청음'은 맑은 소리란 뜻.

ナ	一	ナ	ナ	ナ	ナ	ナ	ナ
나[na]							

二	ー	二	二	二	二	二	二
니[ni]							

ヌ	フ	ヌ	ヌ	ヌ	ヌ	ヌ	ヌ
누[nu]							

ネ	`	ラ	ネ	ネ	ネ	ネ	ネ
네[ne]							

ノ	ノ	ノ	ノ	ノ	ノ	ノ	ノ
노[no]							

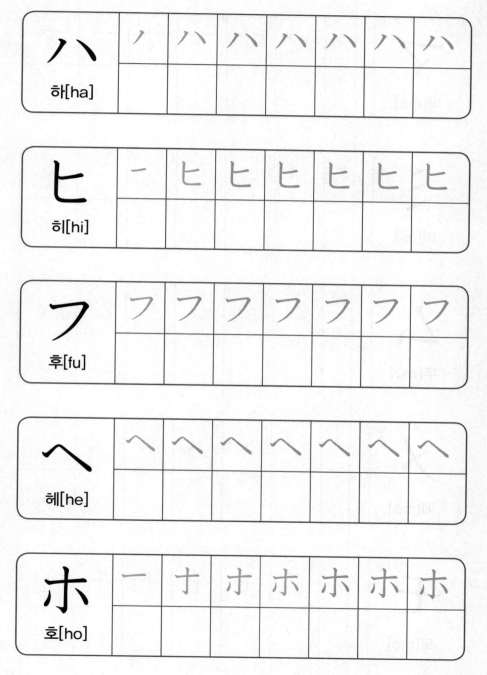

ハ
하[ha]

ヒ
히[hi]

フ
후[fu]

ヘ
헤[he]

ホ
호[ho]

17

|가타카나 청음^{清音}| '청음'은 맑은 소리란 뜻.

マ	フ	マ	マ	マ	マ	マ	マ
마[ma]							

ミ	`	=	ミ	ミ	ミ	ミ	ミ
미[mi]							

ム	ㄴ	ム	ム	ム	ム	ム	ム
무[mu]							

メ	ノ	メ	メ	メ	メ	メ	メ
메[me]							

モ	一	二	モ	モ	モ	モ	モ
모[mo]							

ヤ	フ	ヤ	ヤ	ヤ	ヤ	ヤ	ヤ
야[ya]							

ユ	フ	ユ	ユ	ユ	ユ	ユ	ユ
유[yu]							

ヨ	フ	ヲ	ヨ	ヨ	ヨ	ヨ	ヨ
요[yo]							

┌─ 헷갈리는 글자 똑바로 쓰기 ─────────────

シ　　　ツ　　　　　　コ　　　ユ
시　　　츠　　　　　　코　　　유

オ　　　ネ　　　　　　ホ　　　モ
오　　　네　　　　　　호　　　모

19

ラ	ˉ	ラ	ラ	ラ	ラ	ラ	ラ	ラ
라[ra]								

リ	l	リ	リ	リ	リ	リ	リ	リ
리[ri]								

ル	ノ	ル	ル	ル	ル	ル	ル	
루[ru]								

レ	レ	レ	レ	レ	レ	レ	レ	
레[re]								

ロ	l	ㄱ	ロ	ロ	ロ	ロ	ロ	ロ
로[ro]								

ワ	‚	ワ	ワ	ワ	ワ	ワ	ワ
와[wa]							

ヲ	ー	ニ	ヲ	ヲ	ヲ	ヲ	ヲ
오[o]							

ン	‚	ン	ン	ン	ン	ン	ン
응[N]							

헷갈리는 글자 똑바로 쓰기

ソ	ン		ラ	ヲ
소	응		라	오

히라가나 탁음^{濁音}

|히라가나 탁음^{濁音}| 「か/さ/た/は」행 글자 오른쪽 상단에 탁점 [゛] 표기.

が	つ	カ	か	が	が	が	が
가[ga]							

ぎ	ー	ニ	き	き	ぎ	ぎ	ぎ
기[gi]							

ぐ	く	ぐ	ぐ	ぐ	ぐ	ぐ	ぐ
구[gu]							

げ	ﾚ	ﾚー	け	げ	げ	げ	げ
게[ge]							

ご	っ	こ	ご	ご	ご	ご	ご
고[go]							

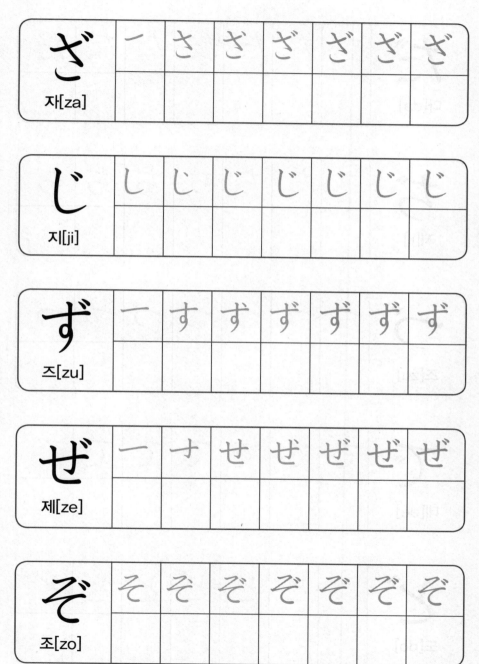

ざ
자[za]　ー　さ　ざ　ざ　ざ　ざ　ざ

じ
지[ji]　し　じ　じ　じ　じ　じ　じ

ず
즈[zu]　ー　す　ず　ず　ず　ず　ず

ぜ
제[ze]　ー　ナ　せ　ぜ　ぜ　ぜ　ぜ

ぞ
조[zo]　そ　そ　ぞ　ぞ　ぞ　ぞ　ぞ

だ	ー	ナ	た	た	た	だ	だ
다[da]							

ぢ	ー	ち	ち	ぢ	ぢ	ぢ	ぢ
지[ji]							

づ	つ	づ	づ	づ	づ	づ	づ
즈[zu]							

で	て	て	で	で	で	で	で
데[de]							

ど	ヽ	と	ど	ど	ど	ど	ど
도[do]							

ば	l	lー	は	ば	ば	ば	ば
바[ba]							

び	ひ	び	び	び	び	び	び
비[bi]							

ぶ	`	う	ふ	ふ	ぶ	ぶ	ぶ
부[bu]							

べ	へ	べ	べ	べ	べ	べ	べ
베[be]							

ぼ	l	lー	にー	ほ	ぼ	ぼ	ぼ
보[bo]							

|가타카나 탁음^{濁音}| 「カ/サ/タ/ハ」행 글자 오른쪽 상단에 탁점 [゛] 표기.

ガ 가[ga]	フ	カ	ガ	ガ	ガ	ガ	ガ

ギ 기[gi]	ー	二	キ	ギ	ギ	ギ	ギ

グ 구[gu]	ノ	ク	グ	グ	グ	グ	グ

ゲ 게[ge]	ノ	ヶ	ケ	ゲ	ゲ	ゲ	ゲ

ゴ 고[go]	フ	コ	ゴ	ゴ	ゴ	ゴ	ゴ

ザ	一	十	サ	ザ	ザ	ザ	ザ
자[za]							

ジ	`	`	シ	シ	ジ	ジ	ジ
지[ji]							

ズ	フ	ス	ズ	ズ	ズ	ズ	ズ
즈[zu]							

ゼ	⼀	セ	ゼ	ゼ	ゼ	ゼ	ゼ
제[ze]							

ゾ	`	ソ	ゾ	ゾ	ゾ	ゾ	ゾ
조[zo]							

|가타카나 탁음^{濁音}| 「カ/サ/タ/ハ」행 글자 오른쪽 상단에 탁점 [゛] 표기.

ダ	ノ	ク	タ	ダ	ダ	ダ	ダ
다[da]							

ヂ	ー	二	チ	チ	ヂ	ヂ	ヂ
지[ji]							

ヅ	丶	丷	ツ	ヅ	ヅ	ヅ	ヅ
즈[zu]							

デ	ー	二	テ	デ	デ	デ	デ
데[de]							

ド	丨	ト	ド	ド	ド	ド	ド
도[do]							

バ	ノ	ハ	バ	バ	バ	バ	バ
바[ba]							

ビ	ー	ヒ	ビ	ビ	ビ	ビ	ビ
비[bi]							

ブ	フ	ブ	ブ	ブ	ブ	ブ	ブ
부[bu]							

ベ	へ	ベ	ベ	ベ	ベ	ベ	ベ
베[be]							

ボ	ー	ナ	オ	ホ	ホ	ボ	ボ
보[bo]							

29

| ぱ | い | に | は | ぱ | ぱ | ぱ | ぱ |
| 파[pa] | | | | | | | |

| ぴ | ひ | ぴ | ぴ | ぴ | ぴ | ぴ | ぴ |
| 피[pi] | | | | | | | |

| ぷ | ` | ふ | ふ | ぷ | ぷ | ぷ | ぷ |
| 푸[pu] | | | | | | | |

| ぺ | へ | ぺ | ぺ | ぺ | ぺ | ぺ | ぺ |
| 페[pe] | | | | | | | |

| ぽ | い | に | に | ほ | ぽ | ぽ | ぽ |
| 포[po] | | | | | | | |

パ	ノ	ハ	パ	パ	パ	パ	パ
파[pa]							

ピ	ー	ヒ	ピ	ピ	ピ	ピ	ピ
피[pi]							

プ	フ	プ	プ	プ	プ	プ	プ
푸[pu]							

ペ	ヘ	ペ	ペ	ペ	ペ	ペ	ペ
페[pe]							

ポ	一	ナ	オ	ホ	ポ	ポ	ポ
포[po]							

히라가나 요음^{拗音}

「い단」의 글자(いきしちにひみりぎじぢびぴ) 옆에 「や, ゆ, よ」를 조그맣게 써서 표기합니다.

きゃ	きゃ	きゅ	きゅ	きょ	きょ
캬[kya]		큐[kyu]		쿄[kyo]	

ぎゃ	ぎゃ	ぎゅ	ぎゅ	ぎょ	ぎょ
갸[gya]		규[gyu]		교[gyo]	

しゃ	しゃ	しゅ	しゅ	しょ	しょ
샤[sha]		슈[shu]		쇼[sho]	

じゃ	じゃ	じゅ	じゅ	じょ	じょ
쟈[ja]		쥬[ju]		죠[jo]	

ちゃ	ちゃ	ちゅ	ちゅ	ちょ	ちょ
챠[cha]		츄[chu]		쵸[cho]	

にゃ	にゃ	にゅ	にゅ	にょ	にょ
냐[nya]		뉴[nyu]		뇨[nyo]	

|히라가나 요음^{拗音}| 「い단」의 글자(いきしちにひみりぎじぢびぴ) 옆에 「や, ゆ, よ」를 조그맣게 써서 표기합니다.

ひゃ	ひゃ	ひゅ	ひゅ	ひょ	ひょ
햐[hya]		휴[hyu]		효[hyo]	

びゃ	びゃ	びゅ	びゅ	びょ	びょ
뱌[bya]		뷰[byu]		뵤[byo]	

ぴゃ	ぴゃ	ぴゅ	ぴゅ	ぴょ	ぴょ
퍄[pya]		퓨[pyu]		표[pyo]	

34

みゃ	みゃ	みゅ	みゅ	みょ	みょ
먀[mya]		뮤[myu]		묘[myo]	

りゃ	りゃ	りゅ	りゅ	りょ	りょ
랴[rya]		류[ryu]		료[ryo]	

가타카나 요음^{拗音}

「イ단」의 글자(イキシチニヒミリギジヂビピ) 옆에 「ヤ, ユ, ヨ」를 조그맣게 써서 표기합니다.

キャ	キャ	キュ	キュ	キョ	キョ
캬[kya]		큐[kyu]		쿄[kyo]	

ギャ	ギャ	ギュ	ギュ	ギョ	ギョ
갸[gya]		규[gyu]		교[gyo]	

シャ	シャ	シュ	シュ	ショ	ショ
샤[sha]		슈[shu]		쇼[sho]	

ジャ	ジャ	ジュ	ジュ	ジョ	ジョ
쟈[ja]		쥬[ju]		죠[jo]	

チャ	チャ	チュ	チュ	チョ	チョ
챠[cha]		츄[chu]		쵸[cho]	

ニャ	ニャ	ニュ	ニュ	ニョ	ニョ
냐[nya]		뉴[nyu]		뇨[nyo]	

가타카나 요음 拗音

「イ단」의 글자(イキシチニヒミリギジヂビピ) 옆
에 「ヤ, ユ, ヨ」를 조그맣게 써서 표기합니다.

ヒャ	ヒャ	ヒュ	ヒュ	ヒョ	ヒョ
햐[hya]		휴[hyu]		효[hyo]	

ビャ	ビャ	ビュ	ビュ	ビョ	ビョ
뱌[bya]		뷰[byu]		뵤[byo]	

ピャ	ピャ	ピュ	ピュ	ピョ	ピョ
퍄[pya]		퓨[pyu]		표[pyo]	

ミヤ	ミヤ	ミュ	ミュ	ミョ	ミョ
먀[mya]		뮤[myu]		묘[myo]	

リャ	リャ	リュ	リュ	リョ	リョ
랴[rya]		류[ryu]		료[ryo]	

한자쓰기

家								
집 가　家家家家家宇家家家家								
歌								
노래 가　歌歌歌歌歌歌歌歌歌歌歌歌歌歌								
強								
강할 강　強強強強強強強強強強								
開								
열 개　開開開開開開開開開開開開								
去								
갈 거　去去去去去								
建								
세울 건　建建建建建建建建建								
犬								
개 견　犬大大犬								
京								
서울 경　京京京京京京京京								
計								
셀 계　計計計計計言言計計								
界								
지경 계　界界界界界界界界界								
古								
옛 고　古古古古古								

考								
생각할 고　考考考考考考								
工								
장인 공　工工工								
空								
빌공　空空空空空空空空								
館								
집관　館館館館館館館館館館館館館館館館								
広								
넓을광　広広広広広								
教								
가르칠교　教教教教教教教教教教教								
口								
입구　口口口								
究								
궁구할구　究究究究究究究								
帰								
돌아올 귀　帰帰帰帰帰帰帰帰帰帰								
近								
가까울근　近近近近近近近								
急								
급할급　急急急急急急急急急								

起								
일어날 기　起起起起起起起起起								
多								
많을 다　多多多多多多多								
茶								
차 다(차)　茶茶茶茶茶茶茶茶茶								
答								
대답할 답　答答答答答答答答答答答								
堂								
집 당　堂堂堂堂堂堂堂堂堂堂堂								
代								
대신할 대　代代代代代								
台								
돈대 대　台台台台台								
待								
기다릴 대　待待待待待待待待待								
貸								
빌릴 대　貸貸貸貸貸代貸貸貸貸貸貸								
図								
그림 도　図図図図図図図								
度								
법도 도　度度度度度度度度度								

道								
길 도　道道道道道道道道道道道								
冬								
겨울 동　冬冬冬冬冬								
同								
한가지 동　同門門同同同								
動								
움직일 동　動動動動動動動重重動動								
旅								
나그네 려　旅旅方旅旅旅旅旅旅旅								
力								
힘 력　力力								
料								
헤아릴 료　料料料料料料料料料								
理								
다스릴 리　理理理理理理理理理								
立								
설 립　立立立立立								
売								
팔 매　売売売売売売売								
妹								
손아래누이 매　妹妹妹妹妹妹妹妹								

買								
살 매	買買買買買買買買買買買							
勉								
힘쓸 면	勉勉勉勉勉勉勉勉勉勉							
明								
밝을 명	明明明明明明明明							
目								
눈 목	目目目目目							
文								
글월 문	文文文文							
問								
물을 문	問問問問問問問問問問問							
味								
맛 미	味味味味味味味味							
飯								
밥 반	飯飯飯飯飯飯飯飯飯飯飯飯							
発								
필 발	発発発発発発発発発							
方								
모 방	方方方方							
別								
다를 별	別別別別別別別							

病								
병 병 病病病病病病病病病病								
步								
걸을 보 步步步步步步步步步								
服								
옷 복 服服服服服服服服								
不								
아니 불 不不不不								
写								
베낄 사 写写写写写								
仕								
벼슬 사 仕仕仕仕仕								
死								
죽을 사 死死死死死死								
社								
단체 사 社社社社社社社								
私								
사사 사 私私私私私私私								
事								
일 사 事事事事事事事事								
使								
부릴 사 使使使使使使使								

思									
생각 사　思思思思思思思思思									
色									
빛 색　色色色色色色色									
夕									
저녁 석　夕夕夕									
世									
세상 세　世世世世世世									
少									
적을 소　少少少少									
送									
보낼 송　送送送送送送送送送									
習									
익힐 습　習習習習習習習習習習									
始									
비로소 시　始始始始始始始始									
試									
시험할 시　試試試試試試試試試試試試試									
新									
새로울 신　新新新新新新新新新新新新新									
室									
방 실　室室室室室室室室室									

心								
마음 심　心 心 心 心								
悪								
나쁠 악　悪 悪 悪 悪 悪 悪 悪 悪 悪 悪								
楽								
풍류 악　楽 楽 楽 楽 楽 楽 楽 楽 楽 楽 楽 楽								
安								
편안할 안　安 安 安 安 安 安								
野								
들 야　野 野 野 野 野 野 野 野 野 野 野								
洋								
바다 양　洋 洋 洋 洋 洋 洋 洋 洋 洋								
魚								
물고기 어　魚 魚 魚 魚 魚 魚 魚 魚 魚 魚 魚								
言								
말씀 언　言 言 言 言 言 言 言								
業								
업 업　業 業 業 業 業 業 業 業 業 業								
駅								
역참 역　駅 駅 駅 駅 駅 駅 駅 駅 駅 駅 駅 駅 駅								
研								
갈 연　研 研 研 研 研 研 研 研 研								

49

英									
꽃부리 영 　英 英 英 英 英 茁 英 英									

映									
비칠 영 　映 映 映 映 映 映 映 映 映									

屋									
집옥 　屋 屋 屋 屋 屋 屋 屋 屋 屋									

曜									
빛날 요 　曜 曜 曜 曜 曜 曜 曜 曜 曜 曜 曜 曜 曜 曜 曜 曜 曜 曜									

用									
쓸용 　月 刀 月 月 用									

牛									
소우 　牛 牛 牛 牛									

運									
돌운 　運 運 運 運 運 運 運 運 運 運 運									

元									
으뜸원 　元 元 元 元									

院									
집원 　院 院 院 院 院 院 院 院 院 院									

有									
있을유 　有 有 有 有 有 有									

肉									
고기육 　肉 肉 肉 肉 肉 肉									

銀								
은 은　銀銀銀銀銀銀銀銀銀銀銀銀銀								
飲								
마실 음　飲飲飲飲飲飲飲飲飲飲飲飲								
医								
의원 의　医医医医医医医								
意								
뜻 의　意意意意意意意意意意意意								
以								
써 이　以以以以以								
字								
글자 자　字字字字字字								
自								
스스로 자　自自自自自自								
姉								
손위누이 자　姉姉姉姉姉姉姉姉								
者								
놈 자　者者者者者者者者								
作								
지을 작　作作作作作作作								
場								
마당 장　場場場場場場場場場場場								

赤								
붉을 적　赤赤赤赤赤赤赤								
田								
밭 전　田田田田田								
転								
구를 전　転転転転転転転転転転転								
店								
가게 점　店店店店店店店店								
正								
바를 정　正正正正正								
町								
밭두둑 정　町町町町町町町								
弟								
아우 제　弟弟弟弟弟弟弟								
題								
제목 제　題題題題題題題題題題題題題題題題題題								
早								
이를 조　早早早早早早								
朝								
아침 조　朝朝朝朝朝朝朝朝朝朝朝								
鳥								
새 조　鳥鳥鳥鳥鳥鳥鳥鳥鳥鳥鳥								

足								
발족 足足足足足足足								
族								
겨레 족 族族族族族族族族族族族								
終								
마칠 종 終終終終終終終終終終								
主								
주인 주 主主主主主								
注								
물댈 주 注注注注注注注注								
走								
달릴 주 走走走走走走走								
住								
살 주 住住住住住住住								
週								
돌 주 週月月月月周周週週週週								
晝								
낮 주 晝晝晝晝晝晝晝晝晝								
重								
무거울 중 重重重重重重重重重								
止								
그칠 지 止止止止								

地								
땅 지　地 地 地 地 地 地								
知								
알 지　知 知 知 知 知 知 知 知								
持								
가질 지　持 持 持 持 持 持 持 持 持								
紙								
종이 지　紙 紙 紙 紙 紙 紙 紙 紙 紙 紙								
真								
참 진　真 真 真 真 真 真 真 真 真 真								
質								
바탕 질　質 質 質 質 質 質 質 質 質 質 質 質								
集								
모일 집　集 集 集 集 集 集 集 集 集 集 集 集								
借								
빌릴 차　借 借 借 借 借 借 借 借 借 借								
着								
붙을 착　着 着 着 着 着 着 着 着 着 着 着 着								
青								
푸를 청　青 青 青 青 青 青 青 青								
体								
몸 체　体 体 体 体 体 体 体								

秋								
가을 추　秋秋秋秋秋秋秋秋秋								
春								
봄 춘　春春春春春春春春春								
親								
친할 친　親親親親親親親親親親親親親親親								
通								
통할 통　通通通通通通通通通通								
特								
유다를 특　特特特特特特特特特特								
品								
물건 품　品品品品品品品品品								
風								
바람 풍　風風風風風風風風風								
夏								
여름 하　夏夏夏夏夏夏夏夏夏夏								
漢								
한나라 한　漢漢漢漢漢漢漢漢漢漢漢漢漢								
海								
바다 해　海海海海海海海海海								
驗								
시험할 험　驗驗驗驗驗驗驗驗驗驗驗驗驗驗驗驗								

兄								
형형 兄兄兄兄兄								
花								
꽃화 花花花花花花花								
画								
그림화 画画画画画画画画								
会								
모을회 会会会会会会								
黒								
검을흑 黒黒黒黒黒黒黒黒黒黒黒								

지르는섬

가나·한자
쓰기노트

이름

일본어뱅크

NEW

일본어 기초와 말하기를 한 번에

다이스키 일본어

上

스피치 트레이닝
워크북

- 한자 연습
- 한일 스피치 연습
- Q&A 스피치 연습
- 가타카나 노트

동양북스

워크북의 구성과 활용 방법

한자 연습 | Kanji Drill

한자의 읽기와 뜻을 복습하기 위한 연습입니다. 본책에서 학습한 한자 단어와, 일본어 주요 한자의 읽는 법과 뜻을 써 보며 한자와 친해져 보세요.

한일 스피치 연습과 정답 | Speech Practice 1 & Answer

각 과의 중요한 포인트 문법과 표현들을 활용한 말하기 연습입니다. 본책에서 학습하지 않은 단어들은 힌트로 제시해 두었으며, 빈칸을 활용하여 작문 연습으로도 활용할 수 있습니다.

Q&A 스피치 연습 | Speech Practice 2

더욱 자연스러운 일본어 말하기를 위한 응용 연습입니다. 하나의 질문과 세 개의 대답 문장으로 구성되어 있습니다. 자연스럽게 바로 일본어로 말하고 답할 수 있도록 별도의 해석이 달려 있지 않습니다. 아래에 정리된 단어를 보면서 스스로 해석해 보세요. 또한 주어진 응용 단어들을 활용한 말하기 연습을 통해 말하기 실력을 쌓을 수 있습니다.

가타카나 노트 | Katakana Note

활용도가 높은 가타카나 단어들을 모아 두었습니다. 실생활에서 자주 쓰이는 가타카나 단어를 쓰면서 익혀 보세요.

일본어뱅크

NEW

일본어 기초와 말하기를 한 번에

다이스키
일본어

上

스피치 트레이닝
워크북

동양북스

| 03과 본책 42쪽 |

▶ 다음 한자의 읽는 법과 뜻을 빈칸에 써 보세요.

예

| 会社員 | かいしゃいん | 회사원 |

1) 学生 ＿＿＿＿＿＿＿＿＿＿＿＿　＿＿＿＿＿＿＿＿＿＿＿＿

2) 先生 ＿＿＿＿＿＿＿＿＿＿＿＿　＿＿＿＿＿＿＿＿＿＿＿＿

3) 医者 ＿＿＿＿＿＿＿＿＿＿＿＿　＿＿＿＿＿＿＿＿＿＿＿＿

4) 韓国人 ＿＿＿＿＿＿＿＿＿＿＿＿　＿＿＿＿＿＿＿＿＿＿＿＿

5) 日本人 ＿＿＿＿＿＿＿＿＿＿＿＿　＿＿＿＿＿＿＿＿＿＿＿＿

6) 中国人 ＿＿＿＿＿＿＿＿＿＿＿＿　＿＿＿＿＿＿＿＿＿＿＿＿

7) 主婦 ＿＿＿＿＿＿＿＿＿＿＿＿　＿＿＿＿＿＿＿＿＿＿＿＿

8) 軍人 ＿＿＿＿＿＿＿＿＿＿＿＿　＿＿＿＿＿＿＿＿＿＿＿＿

▶ **다음 문장을 일본어로 말해 보세요.**

1) 처음 뵙겠습니다. 저는 기무라입니다.

_____

2) 잘 부탁합니다.

_____

3) 당신은 학생입니까?

_____

4) 아니요. 저는 학생이 아닙니다. 회사원입니다.

_____

5) 아니요. 저는 의사가 아닙니다. 군인입니다.

_____

6) 저는 일본인이 아닙니다. 중국인입니다.

_____

7) 저는 한국인이고, 주부입니다.

_____

··· ▷ 정답은 다음 페이지에서 확인하세요.

▶ 정답을 확인하고, 정답 문장을 소리 내어 읽으며 복습해 보세요.

1) 처음 뵙겠습니다. 저는 기무라입니다.

　　　はじめまして。わたしは 木村<ruby>木村<rt>き むら</rt></ruby>です。

2) 잘 부탁합니다.

　　　どうぞ よろしく おねがいします。

3) 당신은 학생입니까?

　　　あなたは 学生<rt>がくせい</rt>ですか。

4) 아니요. 저는 학생이 아닙니다. 회사원입니다.

　　　いいえ、わたしは 学生では ありません。会社員です。

5) 아니요. 저는 의사가 아닙니다. 군인입니다.

　　　いいえ、わたしは 医者では ありません。軍人です。

6) 저는 일본인이 아닙니다. 중국인입니다.

　　　わたしは 日本人では ありません。中国人です。

7) 저는 한국인이고, 주부입니다.

　　　わたしは 韓国人で、主婦です。

▶ Q&A 형식으로 다양한 표현을 익히고, 자유롭게 말하기 연습을 해 보세요.

1

Q: はじめまして。私は 木村です。 처음 뵙겠습니다. 저는 기무라입니다.

どうぞ よろしく お願いします。 잘 부탁합니다.

A1: 私は 青木です。 こちらこそ どうぞ よろしく。

A2: 私は 山田と 申します。

どうぞ よろしく お願いします。

A3: 私は 森です。 お会いできて うれしいです。

2

Q: 自己紹介を お願いします。 자기소개를 부탁합니다.

A1: 私は 青木です。 私は 日本人で、 会社員です。

よろしく お願いします。

A2: 私は 山田です。 私は 韓国人で、 デザイナーです。

A3: 私は ワンです。 中国人で 留学生です。

私は 上海から 来ました。

お会あいできて うれしいです 만나서 반가워요 | 自己紹介じこしょうかい 자기소개 |

上海しゃんはい 상하이(중국) | ～から ～에서(～로부터) | 来きました 왔습니다

★ 弁護士べんごし 변호사 | 作家さっか 작가 | 野球選手やきゅうせんしゅ 야구 선수

| 04과 본책 52쪽 |

▶ 다음 한자의 읽는 법과 뜻을 빈칸에 써 보세요.

예		
会社員	かいしゃいん	회사원

1) 新聞　　_____　　_____

2) 時計　　_____　　_____

3) 辞書　　_____　　_____

4) 雑誌　　_____　　_____

5) 韓国語　_____　　_____

6) 友達　　_____　　_____

7) 机　　　_____　　_____

8) 椅子　　_____　　_____

▶ **다음 문장을 일본어로 말해 보세요.**

1) 이것은 무엇입니까?

_____

2) 그것은 책입니다.

_____

3) 이것도 선생님의 가방입니까?

_____

4) 아니요. 그것은 선생님 것이 아닙니다. 제 것입니다.

_____

5) 기무라 씨는 제 친구입니다.

_____

6) 저것은 누구의 우산입니까?

_____

7) 저 사람은 누구입니까?

_____

かばん 가방

···▷ 정답은 다음 페이지에서 확인하세요.

▶ 정답을 확인하고, 정답 문장을 소리 내어 읽으며 복습해 보세요.

1) 이것은 무엇입니까?

これは 何<ruby>なん</ruby>ですか。

2) 그것은 책입니다.

それは 本<ruby>ほん</ruby>です。

3) 이것도 선생님의 가방입니까?

これも 先生<ruby>せんせい</ruby>の かばんですか。

4) 아니요. 그것은 선생님 것이 아닙니다. 제 것입니다.

いいえ、それは 先生<ruby>せんせい</ruby>のでは ありません。私<ruby>わたし</ruby>のです。

5) 기무라 씨는 제 친구입니다.

木村<ruby>きむら</ruby>さんは 私の 友達<ruby>ともだち</ruby>です。

6) 저것은 누구의 우산입니까?

あれは 誰<ruby>だれ</ruby>の 傘<ruby>かさ</ruby>ですか。

7) 저 사람은 누구입니까?

あの 人<ruby>ひと</ruby>は 誰ですか。

▶ Q&A 형식으로 다양한 표현을 익히고, 자유롭게 말하기 연습을 해 보세요.

1

Q: これは 何^{なん}ですか。 이것은 무엇입니까?

A1: それは 新聞^{しんぶん}です。

A2: それは 靴^{くつ}です。 日本^{にほん}のです。

A3: それは 時計^{とけい}です。

その 時計^{とけい}は 最近^{さいきん} 人気^{にんき}です。

2

Q: あの 人^{ひと}は 誰^{だれ}ですか。 저 사람은 누구입니까?

A1: あの 人は 私^{わたし}の 弟^{おとうと}です。

A2: あの 人は 佐藤^{さとう}さんです。

佐藤さんは 私の 友達^{ともだち}です。

A3: あの 人は 私の 会社^{かいしゃ}の 同僚^{どうりょう}です。

最近さいきん 최근 | 人気にんきです 인기 있어요 | 同僚どうりょう 동료

★ あれ 저것 | 果物くだもの 과일 | クッキー 쿠키 | 中国ちゅうごく 중국 | アメリカ 미국 |

彼氏かれし 남자 친구 | 彼女かのじょ 여자 친구 | 先輩せんぱい 선배 | 後輩こうはい 후배

| 05과 본책 62쪽 |

▶ 다음 한자의 읽는 법과 뜻을 빈칸에 써 보세요.

예
会社員　　　かいしゃいん　　　　　　회사원

1) 学校 ＿＿＿＿＿＿＿＿　＿＿＿＿＿＿＿＿

2) 映画 ＿＿＿＿＿＿＿＿　＿＿＿＿＿＿＿＿

3) 午前 ＿＿＿＿＿＿＿＿　＿＿＿＿＿＿＿＿

4) 午後 ＿＿＿＿＿＿＿＿　＿＿＿＿＿＿＿＿

5) 会議 ＿＿＿＿＿＿＿＿　＿＿＿＿＿＿＿＿

6) 郵便局 ＿＿＿＿＿＿＿＿　＿＿＿＿＿＿＿＿

7) 会社 ＿＿＿＿＿＿＿＿　＿＿＿＿＿＿＿＿

8) 銀行 ＿＿＿＿＿＿＿＿　＿＿＿＿＿＿＿＿

▶ **다음 문장을 일본어로 말해 보세요.**

1) 지금 몇 시입니까?

_____

2) 7시 5분 전입니다.

_____

3) 회사는 몇 시부터 몇 시까지입니까?

_____

4) 오전 9시 10분부터 오후 7시까지입니다.

_____

5) 회의는 오전 9시부터 11시 반까지입니다.

_____

6) 시험은 오후 4시부터입니다.

_____

7) 영화는 몇 시부터 몇 시까지입니까?

_____

⋯▷ 정답은 다음 페이지에서 확인하세요.

▶ 정답을 확인하고, 정답 문장을 소리 내어 읽으며 복습해 보세요.

1) 지금 몇 시입니까?

今 何時ですか。

2) 7시 5분 전입니다.

7時 5分 前です。

3) 회사는 몇 시부터 몇 시까지입니까?

会社は 何時から 何時までですか。

4) 오전 9시 10분부터 오후 7시까지입니다.

午前 9時 10分から 午後 7時までです。

5) 회의는 오전 9시부터 11시 반까지입니다.

会議は 午前 9時から 11時 半までです。

6) 시험은 오후 4시부터입니다.

テストは 午後 4時からです。

7) 영화는 몇 시부터 몇 시까지입니까?

映画は 何時から 何時までですか。

▶ Q&A 형식으로 다양한 표현을 익히고, 자유롭게 말하기 연습을 해 보세요.

1

Q: 今 何時ですか。 지금 몇 시입니까?

A1: 4時 半です。

A2: 7時 10分です。

A3: 9時 ちょうどです。

2

Q: バイトは 何時から 何時までですか。
아르바이트는 몇 시부터 몇 시까지입니까?

A1: 午後 2時から 7時までです。

A2: 午前 9時から 午後 4時までです。

A3: 午前 10時から 午後 6時までです。

バイト 아르바이트

★ スーパー 슈퍼(마켓) │ 区役所くやくしょ 구청 │ 市役所しやくしょ 시청 │ 銀行ぎんこう 은행 │

会社かいしゃ 회사 │ 郵便局ゆうびんきょく 우체국

| 06과 본책 72쪽 |

▶ 다음 한자의 읽는 법과 뜻을 빈칸에 써 보세요.

예

| 会社員 | かいしゃいん | 회사원 |

1) 今日 _____ _____

2) 昨日 _____ _____

3) 明日 _____ _____

4) 趣味 _____ _____

5) 誕生日 _____ _____

6) 休み _____ _____

7) 子供 _____ _____

8) 来週 _____ _____

▶ **다음 문장을 일본어로 말해 보세요.**

1) 오늘은 몇 월 며칠입니까?

_____

2) 오늘은 7월 3일입니다.

_____

3) 휴일은 언제부터 언제까지입니까?

_____

4) 7월 14일부터 20일까지입니다.

_____

5) 생일이 언제입니까?

_____

6) 시험은 6월 4일부터 7일까지입니다.

_____

7) 어제는 9월 2일 수요일이었습니다.

_____

⋯⋯▷ 정답은 다음 페이지에서 확인하세요.

▶ 정답을 확인하고, 정답 문장을 소리 내어 읽으며 복습해 보세요.

1) 오늘은 몇 월 며칠입니까?

今日は 何月 何日ですか。

2) 오늘은 7월 3일입니다.

今日は ７月 ３日です。

3) 휴일은 언제부터 언제까지입니까?

休みは いつから いつまでですか。

4) 7월 14일부터 20일까지입니다.

７月 １４日から 20日までです。

5) 생일이 언제입니까?

お誕生日は いつですか。

6) 시험은 6월 4일부터 7일까지입니다.

テストは ６月 ４日から ７日までです。

7) 어제는 9월 2일 수요일이었습니다.

昨日は ９月 ２日 水曜日でした。

▶ Q&A 형식으로 다양한 표현을 익히고, 자유롭게 말하기 연습을 해 보세요.

1

Q: お誕生日は いつですか。 생일이 언제입니까?

A1: 2月 9日です。

A2: 3月 20日です。

A3: 9月 14日です。

2

Q: まつりは いつから いつまでですか。 축제는 언제부터 언제까지입니까?

A1: 4月 1日から 5日までです。

A2: 月曜日から 金曜日までです。

A3: 今日から 来週の 土曜日までです。

★ パーティー 파티 | 卒業式そつぎょうしき 졸업식 | 結婚式けっこんしき 결혼식 | テスト 시험 |

新婚旅行しんこんりょこう 신혼여행 | 試験しけん 시험 | 出張しゅっちょう 출장 | 休やすみ 휴일, 휴가

| 07과 본책 82쪽 |

▶ 다음 한자의 읽는 법과 뜻을 빈칸에 써 보세요.

예		
会社員	かいしゃいん	회사원

1) 全部 _____ _____

2) 食堂 _____ _____

3) 料理 _____ _____

4) 店 _____ _____

5) 品物 _____ _____

6) 名前 _____ _____

7) 店員 _____ _____

8) 会食 _____ _____

▶ **다음 문장을 일본어로 말해 보세요.**

1) 저, 실례합니다. 커피는 얼마입니까?

    _____

2) 300엔입니다.

    _____

3) 전부 해서 얼마입니까?

    _____

ㄴ) 전부 해서 3500엔입니다.

    _____

5) 이 책은 얼마입니까?

    _____

6) 그럼, 커피와 케이크를 주세요.

    _____

7) 저 시계는 6000엔입니다.

    _____

···> 정답은 다음 페이지에서 확인하세요.

▶ 정답을 확인하고, 정답 문장을 소리 내어 읽으며 복습해 보세요.

1) 저, 실례합니다. 커피는 얼마입니까?

あの、すみません。コーヒーは いくらですか。

2) 300엔입니다.

さんびゃく円です。

3) 전부 해서 얼마입니까?

全部で いくらですか。

4) 전부 해서 3500엔입니다.

全部で さんぜんごひゃく円です。

5) 이 책은 얼마입니까?

この 本は いくらですか。

6) 그럼, 커피와 케이크를 주세요.

じゃ、コーヒーと ケーキを ください。

7) 저 시계는 6000엔입니다.

あの 時計は ろくせん円です。

▶ Q&A 형식으로 다양한 표현을 익히고, 자유롭게 말하기 연습을 해 보세요.

1

Q: いらっしゃいませ。 어서 오세요.

A1: あの、 うどんと そばを ください。

A2: 焼き肉 1人前 お願いします。
〔や にく いちにんまえ   ねが〕

A3: すみません、 コーヒー ひとつと ジュース ふたつ ください。

2

Q: ケーキは いくらですか。 케이크는 얼마입니까?

A1: ケーキは 300円です。
〔さんびゃくえん〕

A2: ひとつ 400円で、 ふたつで 700円です。
〔よんひゃく〕   〔ななひゃく〕

A3: チーズケーキは ３５０円、 いちごケーキは 300円で、
〔さんびゃくごじゅう〕   〔さんびゃく〕

合計 ６５０円です。
〔ごうけい ろっぴゃくごじゅう〕

ふたつで 두 개에 | 合計ごうけい 합해서, 합계

★ 牛丼ぎゅうどん 소고기 덮밥 | 天丼てんどん 튀김 덮밥 |

お茶ちゃ 차 | 緑茶りょくちゃ 녹차 | 紅茶こうちゃ 홍차

| 08과 본책 94쪽 |

▶ 다음 한자의 읽는 법과 뜻을 빈칸에 써 보세요.

예

| 会社員 | かいしゃいん | 회사원 |

1) 天気 _____ _____

2) 最近 _____ _____

3) 旅行 _____ _____

4) 勉強 _____ _____

5) 春 _____ _____

6) 夏 _____ _____

7) 秋 _____ _____

8) 冬 _____ _____

▶ **다음 문장을 일본어로 말해 보세요.**

1) 일본어 공부는 어떻습니까? / 참 재미있습니다.

_____

2) 별로 재미없습니다.

_____

3) 영화는 어땠습니까? / 참 재미있었습니다.

_____

4) 오늘은 날씨가 좋네요.

_____

5) 날씨는 참 좋았습니다.

_____

6) 여행은 아주(참) 즐거웠습니다.

_____

7) 시험은 별로 어렵지 않았습니다.

_____

⋯⋯⟩ 정답은 다음 페이지에서 확인하세요.

▶ 정답을 확인하고, 정답 문장을 소리 내어 읽으며 복습해 보세요.

1) 일본어 공부는 어떻습니까? / 참 재미있습니다.

日本語の 勉強は どうですか。 / とても おもしろいです。

2) 별로 재미없습니다.

あまり おもしろく ありません。

3) 영화는 어땠습니까? / 참 재미있었습니다.

映画は どうでしたか。 / とても おもしろかったです。

4) 오늘은 날씨가 좋네요.

今日は いい 天気ですね。

5) 날씨는 참 좋았습니다.

天気は とても よかったです。

6) 여행은 아주(참) 즐거웠습니다.

旅行は とても 楽しかったです。

7) 시험은 별로 어렵지 않았습니다.

テストは あまり 難しく ありませんでした。

▶ Q&A 형식으로 다양한 표현을 익히고, 자유롭게 말하기 연습을 해 보세요.

1

Q: 今日の 天気は どうですか。오늘의 날씨는 어떻습니까?

A1: とても いいです。 / あまり よく ありません。

A2: とても あたたかいです。 / すずしいです。

とても あついです。 / さむいです。

A3: 晴れです。 / くもりです。 / 雨です。 / 雪です。

2

Q: 旅行は どうでしたか。여행은 어땠습니까?

A1: とても 楽しかったです。

A2: あまり 楽しく ありませんでした。

A3: まあまあでした。

晴はれ 맑음 | くもり 흐림 | 雨あめ 비 | 雪ゆき 눈 | まあまあ 그럭저럭

★ 景色けしき 경치 | 映画えいが 영화 | まつり 축제 | 料理りょうり 요리 |

美うつくしい 아름답다 | おもしろい 재미있다 | おいしい 맛있다

| 09과 본책 110쪽 |

▶ 다음 한자의 읽는 법과 뜻을 빈칸에 써 보세요.

예

会社員 ___かいしゃいん___ ___회사원___

1) 中国語 _____ _____

2) 交通 _____ _____

3) 部屋 _____ _____

4) 写真 _____ _____

5) 歌手 _____ _____

6) 野球 _____ _____

7) 水泳 _____ _____

8) 英語 _____ _____

▶ **다음 문장을 일본어로 말해 보세요.**

1) 기무라 씨는 축구를 좋아합니까?

_____

2) 네, 좋아하지만, 별로 잘하지 않습니다.

_____

3) 야마다 씨는 축구를 좋아합니까?

_____

4) 전에는 좋아했지만, 지금은 수영 쪽을 좋아합니다.

_____

5) 아주 성실한 학생이군요.

_____

6) 이 가게는 조용하고 깨끗하군요.

_____

7) 스포츠 중에서 무엇을 가장 좋아합니까?

_____

· · ·▷ 정답은 다음 페이지에서 확인하세요.

▶ 정답을 확인하고, 정답 문장을 소리 내어 읽으며 복습해 보세요.

1) 기무라 씨는 축구를 좋아합니까?

　　木村さんは サッカーが 好きですか。

2) 네, 좋아하지만, 별로 잘하지 않습니다.

　　はい、好きですが、あまり 上手では ありません。

3) 야마다 씨는 축구를 좋아합니까?

　　山田さんは サッカーが 好きですか。

4) 전에는 좋아했지만, 지금은 수영 쪽을 좋아합니다.

　　前は 好きでしたが、今は 水泳の 方が 好きです。

5) 아주 성실한 학생이군요.

　　とても まじめな 学生ですね。

6) 이 가게는 조용하고 깨끗하군요.

　　この 店は 静かで、きれいですね。

7) 스포츠 중에서 무엇을 가장 좋아합니까?

　　スポーツの 中で 何が 一番 好きですか。

▶ Q&A 형식으로 다양한 표현을 익히고, 자유롭게 말하기 연습을 해 보세요.

1

Q: 食べ物の 中で 何が 一番 好きですか。
음식 중에서 무엇을 가장 좋아합니까?

A1: しゃぶしゃぶが 一番 好きです。

A2: すしが 一番 好きです。

A3: とんカツが 一番 好きです。

2

Q: どんな タイプが 好きですか。 어떤 타입을 좋아합니까?

A1: まじめで やさしい タイプが 好きです。

A2: ハンサムで、男らしい タイプが 好きです。

A3: 髪が 長くて きれいな タイプが 好きです。

★ 果物くだもの 과일 | 季節きせつ 계절 | りんご 사과 | 春はる 봄 | 夏なつ 여름 | 秋あき 가을 | 冬ふゆ 겨울 |

女おんならしい 여성스럽다 | 髪かみが 短みじかい 머리가 짧다 | 背せが 高たかい 키가 크다 |

背せが 低ひくい 키가 작다

| 10과 본책 126쪽 |

▶ 다음 한자의 읽는 법과 뜻을 빈칸에 써 보세요.

예

会社員	かいしゃいん	회사원

1) 公園 _____ _____

2) 教室 _____ _____

3) 受付 _____ _____

ㄴ) 駅 _____ _____

5) 家 _____ _____

6) 本棚 _____ _____

7) 映画館 _____ _____

8) 病院 _____ _____

▶ **다음 문장을 일본어로 말해 보세요.**

1) 공원은 어디입니까?

_____

2) 저기입니다.

_____

3) 김 씨는 어디에 있습니까?

_____

4) 교실 안에 있습니다.

_____

5) 저, 실례합니다. 백화점은 어디입니까?

_____

6) 시계는 어디에 있습니까? / 책상 위에 있습니다.

_____

7) 공원 앞에 차가 있습니다.

_____

· · ·▷ 정답은 다음 페이지에서 확인하세요.

▶ 정답을 확인하고, 정답 문장을 소리 내어 읽으며 복습해 보세요.

1) 공원은 어디입니까?

公園は どこですか。

2) 저기입니다.

あそこです。

3) 김 씨는 어디에 있습니까?

キムさんは どこに いますか。

4) 교실 안에 있습니다.

教室の 中に います。

5) 저, 실례합니다. 백화점은 어디입니까?

あの、すみません。デパートは どこですか。

6) 시계는 어디에 있습니까? / 책상 위에 있습니다.

時計は どこに ありますか。/ 机の 上に あります。

7) 공원 앞에 차가 있습니다.

公園の 前に 車が あります。

32

▶ Q&A 형식으로 다양한 표현을 익히고, 자유롭게 말하기 연습을 해 보세요.

1

Q: 公園<ruby>こうえん</ruby>は どこに ありますか。 공원은 어디에 있습니까?

A1: 学校<ruby>がっこう</ruby>の 前<ruby>まえ</ruby>に あります。

A2: デパートの となりに あります。

A3: 駅<ruby>えき</ruby>の そばに あります。

2

Q: 山田<ruby>やまだ</ruby>さんは どこに いますか。 야마다 씨는 어디에 있습니까?

A1: 教室<ruby>きょうしつ</ruby>の 中<ruby>なか</ruby>に います。

A2: 今<ruby>いま</ruby> 会議中<ruby>かいぎちゅう</ruby>ですが…。

A3: 9時<ruby>くじ</ruby>から 会議<ruby>かいぎ</ruby>なので、今<ruby>いま</ruby> 会議室<ruby>かいぎしつ</ruby>に います。

★ 区役所くやくしょ 구청 | 市役所しやくしょ 시청 | 図書館としょかん 도서관 | 映画館えいがかん 영화관 |

交番こうばん 파출소 | 後うしろ 뒤 | 右みぎ 오른쪽 | 左ひだり 왼쪽

| 11과 본책 138쪽 |

▶ 다음 한자의 읽는 법과 뜻을 빈칸에 써 보세요.

예

会社員 ___かいしゃいん___ ___회사원___

1) 家族 _____ _____

2) 兄弟 _____ _____

3) 両親 _____ _____

4) 箱 _____ _____

5) 父 _____ _____

6) 母 _____ _____

7) 彼女 _____ _____

8) 紹介 _____ _____

▶ 다음 문장을 일본어로 말해 보세요.

1) 김 씨는 몇 식구입니까?

_____

2) 네 식구입니다.

_____

3) 교실 안에 의자는 몇 개 있습니까?

_____

4) 의자는 한 개밖에 없습니다.

_____

5) 책상 위에 사과가 네 개 있습니다.

_____

6) 일본인은 한 명뿐입니다.

_____

7) 교실 안에 학생이 4명 있습니다.

_____

⠂⠂⠂▷ 정답은 다음 페이지에서 확인하세요.

▶ 정답을 확인하고, 정답 문장을 소리 내어 읽으며 복습해 보세요.

1) 김 씨는 몇 식구입니까?

キムさんは 何人家族ですか。

2) 네 식구입니다.

よにん 家族です。

3) 교실 안에 의자는 몇 개 있습니까?

教室の 中に 椅子は いくつ ありますか。

4) 의자는 한 개밖에 없습니다.

椅子は ひとつしか ありません。

5) 책상 위에 사과가 네 개 있습니다.

机の 上に りんごが よっつ あります。

6) 일본인은 한 명뿐입니다.

日本人は ひとりだけです。

7) 교실 안에 학생이 4명 있습니다.

教室の 中に 学生が よにん います。

▶ Q&A 형식으로 다양한 표현을 익히고, 자유롭게 말하기 연습을 해 보세요.

1

Q: 何人家族ですか。몇 식구입니까?

A1: 4人家族です。父と 母と 妹と 私の 4人家族です。

A2: 3人家族です。主人と 娘と 私の 3人家族です。

A3: 6人家族です。

祖父、祖母、父、母、弟、私の 6人家族です。

2

Q: 何人兄弟ですか。몇 형제입니까?

A1: 私は 一人っ子です。

A2: 弟と 私の 2人兄弟です。

A3: 兄が ふたりと 姉が ひとりの 4人兄弟です。

私は 末っ子です。

末すえっ子こ 막내

★妻つま 아내, 처 | 息子むすこ 아들

| 12과 본책 152쪽 |

▶ 다음 한자의 읽는 법과 뜻을 빈칸에 써 보세요.

예
会社員 ___かいしゃいん___ ___회사원___

1) 図書館 _____ _____

2) 毎朝 _____ _____

3) 音楽 _____ _____

4) 本 _____ _____

5) 買い物 _____ _____

6) 金曜日 _____ _____

7) 本屋 _____ _____

8) 通話 _____ _____

▶ **다음 문장을 일본어로 말해 보세요.**

1) 오늘은 무엇을 합니까?

_____

2) 친구와 함께 영화를 봅니다.

_____

3) 어제는 무엇을 했습니까?

_____

ㄴ) 도서관에서 공부를 했습니다.

_____

5) 몇 시에 일어났습니까?

_____

6) 7시 10분에 일어났습니다.

_____

7) 방에서 음악을 들었습니다.

_____

⋯⋯▷ 정답은 다음 페이지에서 확인하세요.

▶ 정답을 확인하고, 정답 문장을 소리 내어 읽으며 복습해 보세요.

1) 오늘은 무엇을 합니까?

今日は 何を しますか。

2) 친구와 함께 영화를 봅니다.

友達と 一緒に 映画を 見ます。

3) 어제는 무엇을 했습니까?

昨日は 何を しましたか。

ᄔ) 도서관에서 공부를 했습니다.

図書館で 勉強を しました。

5) 몇 시에 일어났습니까?

何時に 起きましたか。

6) 7시 10분에 일어났습니다.

7時10分に 起きました。

7) 방에서 음악을 들었습니다.

部屋で 音楽を 聞きました。

▶ Q&A 형식으로 다양한 표현을 익히고, 자유롭게 말하기 연습을 해 보세요.

1

Q: 趣味は 何ですか。 취미가 무엇입니까?

A1: 映画を 見る ことです。

A2: 趣味ですか。別に ありませんが…。

A3: 私の 趣味は スキーを する ことです。

2

Q: 明日は 何を しますか。 내일은 무엇을 합니까?

A1: 明日は 友達に 会います。

A2: 明日から 友達と 旅行を します。 楽しみです。

A3: 明日は 休みなので、家で ゆっくり 寝ます。

別べつに 그다지, 별로 | スキーを する 스키를 타다 | 楽たのしみです 기대됩니다 | ゆっくり 寝ねる 푹 자다

★ 本ほんを 読よむ 책을 읽다 | ピアノを 弾ひく 피아노를 치다 | ゴルフを する 골프를 치다 |

　　スノーボードを する 스노보드를 타다 | コンサートへ 行いく 콘서트에 가다

| 13과 본책 168쪽 |

▶ 다음 한자의 읽는 법과 뜻을 빈칸에 써 보세요.

예

| 会社員 | かいしゃいん | 회사원 |

1) 運動 _____ _____

2) 成績 _____ _____

3) 値段 _____ _____

4) 食事 _____ _____

5) 靴 _____ _____

6) 花見 _____ _____

7) 町 _____ _____

8) 誰 _____ _____

▶ **다음 문장을 일본어로 말해 보세요.**

1) 요즘 추워졌네요.

_____

2) 네, 그러네요.

_____

3) 토요일은 무엇을 했습니까?

_____

4) 백화점에 쇼핑하러 갔습니다.

_____

5) 김 씨는 일본어 선생님이 되었습니다.

_____

6) 일본의 교통은 편리해졌습니다.

_____

7) 날씨는 좋아졌습니다.

_____

···〉 정답은 다음 페이지에서 확인하세요.

▶ 정답을 확인하고, 정답 문장을 소리 내어 읽으며 복습해 보세요.

1) 요즘 추워졌네요.

<ruby>最近<rt>さいきん</rt></ruby> <ruby>寒<rt>さむ</rt></ruby>く なりましたね。

2) 네, 그러네요.

ええ、そうですね。

3) 토요일은 무엇을 했습니까?

<ruby>土曜日<rt>どようび</rt></ruby>は <ruby>何<rt>なに</rt></ruby>を しましたか。

4) 백화점에 쇼핑하러 갔습니다.

デパートへ <ruby>買<rt>か</rt></ruby>い<ruby>物<rt>もの</rt></ruby>に <ruby>行<rt>い</rt></ruby>きました。

5) 김 씨는 일본어 선생님이 되었습니다.

キムさんは <ruby>日本語<rt>にほんご</rt></ruby>の <ruby>先生<rt>せんせい</rt></ruby>に なりました。

6) 일본의 교통은 편리해졌습니다.

<ruby>日本<rt>にほん</rt></ruby>の <ruby>交通<rt>こうつう</rt></ruby>は <ruby>便利<rt>べんり</rt></ruby>に なりました。

7) 날씨는 좋아졌습니다.

<ruby>天気<rt>てんき</rt></ruby>は よく なりました。

▶ Q&A 형식으로 다양한 표현을 익히고, 자유롭게 말하기 연습을 해 보세요.

1

Q: 昨日は 何を しましたか。 어제는 무엇을 했습니까?

A1: 公園へ 散歩に 行きました。

A2: 明日から テストなので、 図書館へ 行きました。

A3: 会社の 同僚と ワインを 飲みました。
12時ごろ 家へ 帰りました。

2

Q: その 店は どう なりましたか。 그 가게는 어떻게 되었습니까?

A1: 値段が 高く なりました。

A2: 前より 有名に なりました。

A3: サービスが たいへん よく なりました。

 ★ 週末しゅうまつ 주말 | デパート 백화점 | 買かい物もの 쇼핑 | 食事しょくじ 식사 | 先輩せんぱい 선배 |

安やすい 싸다 | 忙いそがしい 바쁘다

| 14과 본책 180쪽 |

▶ 다음 한자의 읽는 법과 뜻을 빈칸에 써 보세요.

예

会社員	かいしゃいん	회사원

1) 今度 _____ _____

2) 週末 _____ _____

3) 毎日 _____ _____

4) 来年 _____ _____

5) 簡単 _____ _____

6) 海 _____ _____

7) 場所 _____ _____

8) 性別 _____ _____

▶ 다음 문장을 일본어로 말해 보세요.

1) 토요일은 뭔가 예정이 있습니까?

_____

2) 네, 친구와 함께 놀러 갑니다.

_____

3) 김 씨는 어디에 가고 싶습니까?

_____

4) 저는 바다에 가고 싶습니다.

_____

5) 백화점에 가방을 사러 갑시다.

_____

6) 7시에 친구를 만나러 갔습니다.

_____

7) 같이 놀러 가지 않겠습니까?

_____

··· ▷ 정답은 다음 페이지에서 확인하세요.

▶ 정답을 확인하고, 정답 문장을 소리 내어 읽으며 복습해 보세요.

1) 토요일은 뭔가 예정이 있습니까?

土曜日は 何か 予定が ありますか。

2) 네, 친구와 함께 놀러 갑니다.

はい、友達と 一緒に 遊びに 行きます。

3) 김 씨는 어디에 가고 싶습니까?

キムさんは どこへ 行きたいですか。

4) 저는 바다에 가고 싶습니다.

私は 海へ 行きたいです。

5) 백화점에 가방을 사러 갑시다.

デパートへ かばんを 買いに 行きましょう。

6) 7시에 친구를 만나러 갔습니다.

7時に 友達に 会いに 行きました。

7) 같이 놀러 가지 않겠습니까?

一緒に 遊びに 行きませんか。

▶ Q&A 형식으로 다양한 표현을 익히고, 자유롭게 말하기 연습을 해 보세요.

1

Q: 週末は 何か 予定が ありますか。주말은 뭔가 예정이 있습니까?

A1: まだ 予定は ありませんが…。

A2: 友達と 一緒に 映画を 見に 行きます。

A3: デパートへ 買い物に 行きますが、

一緒に 行きませんか。

2

Q: 場所は どこに しましょうか。장소는 어디로 할까요?

A1: 私は どこでも いいです。

A2: そうですね。どこが いいでしょうか。

A3: お台場は どうですか。

私は お台場へ 行って みたいです。

どこでも 어디든지 | お台場だいば 오다이바 | 行いって みたい 가 보고 싶다

★ 本ほんを 借かりに 行いく 책을 빌리러 가다 | 旅行りょこう 여행 | 温泉旅館おんせんりょかん 온천여관 |

美術館びじゅつかん 미술관 | メニュー 메뉴 | 何なに 무엇 | 何なんでも 무엇이든지

| 15과 본책 194쪽 |

▶ 다음 한자의 읽는 법과 뜻을 빈칸에 써 보세요.

예

会社員 _____かいしゃいん_____ _____회사원_____

1) 漢字 _____ _____

2) 問題 _____ _____

3) 建物 _____ _____

4) 頭 _____ _____

5) 性格 _____ _____

6) 手術 _____ _____

7) 遠足 _____ _____

8) 歌 _____ _____

▶ **다음 문장을 일본어로 말해 보세요.**

1) 일본어 공부는 어떻습니까?

_____

2) 한자도 많고, 읽는 법도 어렵습니다.

_____

3) 일본어 공부는 어떻게 합니까?

_____

4) MP3를 들으면서 책을 읽습니다.

_____

5) 한자를 쓰면서 외웁니다.

_____

6) 히라가나로 쓰세요.

_____

7) 이 아파트는 방도 넓고, 집세도 싸네요.

_____

· · ·▷ 정답은 다음 페이지에서 확인하세요.

▶ 정답을 확인하고, 정답 문장을 소리 내어 읽으며 복습해 보세요.

1) 일본어 공부는 어떻습니까?

日本語の 勉強は どうですか。

2) 한자도 많고, 읽는 법도 어렵습니다.

漢字も 多いし、読み方も 難しいです。

3) 일본어 공부는 어떻게 합니까?

日本語の 勉強は どう しますか。

4) MP3를 들으면서 책을 읽습니다.

MP3を 聞きながら 本を 読みます。

5) 한자를 쓰면서 외웁니다.

漢字を 書きながら 覚えます。

6) 히라가나로 쓰세요.

ひらがなで 書きなさい。

7) 이 아파트는 방도 넓고, 집세도 싸네요.

この アパートは 部屋も 広いし、家賃も 安いですね。

▶ Q&A 형식으로 다양한 표현을 익히고, 자유롭게 말하기 연습을 해 보세요.

1

Q: 山田さんは どんな 人ですか。 야마다 씨는 어떤 사람이에요?

A1: やさしくて 明るい 人です。

A2: まじめで、歌が とても 上手ですよ。

A3: 顔も ハンサムだし、性格も いいし 私の タイプです。

2

Q: どう しましたか。 왜 그래요?(무슨 일이에요?)

A1: 頭が 痛いんです。薬は ありますか。

A2: カラオケで 歌を 歌いすぎました。

のどが 痛いです。

A3: この カメラの 使い方が わかりません。

薬くすり 약 | 歌うたいすぎる 노래를 많이 부르다

★ 漢字かんじ 한자 | 読よみ方かた 읽는 법 | おもちゃ 장난감 | 作つくり方かた 만드는 법

가타카나 노트

1

アイス あいす 아이스, 얼음	アイス			

イギリス いぎりす 영국	イギリス			

エアコン えあこん 에어컨	エアコン			

クッキー くっきー 쿠키	クッキー			

クラス くらす 클래스	クラス			

クリスマス くりすます 크리스마스	クリスマス			

ケーキ けーき 케이크	ケーキ			

2

コーラ こーら 콜라	コーラ			

コンサート こんさーと 콘서트	コンサート			

コンビニ こんびに 편의점	コンビニ			

サイズ さいず 사이즈	サイズ			

サッカー さっかー 축구	サッカー			

サラダ さらだ 샐러드	サラダ			

スーパー すーぱー 슈퍼(마켓)	スーパー			

가타카나 노트

3

スキー すきー 스키	スキー			

ソース そーす 소스	ソース			

タイプ たいぷ 타입	タイプ			

タオル たおる 타월	タオル			

チーズケーキ ちーずけーき 치즈케이크	チーズケーキ			

チキン ちきん 치킨	チキン			

ツアー つあー 투어	ツアー			

4

テーブル てーぶる 테이블	テーブル			

デジカメ でじかめ 디지털카메라	デジカメ			

テニス てにす 테니스	テニス			

ドイツ どいつ 독일	ドイツ			

トイレ といれ 화장실	トイレ			

ハーモニカ はーもにか 하모니카	ハーモニカ			

ハンバーガー はんばーがー 햄버거	ハンバーガー			

5

ビル びる 빌딩	ビル			

フランス ふらんす 프랑스	フランス			

ヘア へあ 헤어, 머리카락	ヘア			

ベッド べっど 침대	ベッド			

ホームラン ほーむらん 홈런	ホームラン			

マイク まいく 마이크	マイク			

ミルク みるく 밀크, 우유	ミルク			

6

メロン めろん 멜론	メロン			

ヨガ よが 요가	ヨガ			

ラジオ らじお 라디오	ラジオ			

リボン りぼん 리본	リボン			

レモン れもん 레몬	レモン			

ロープ ろーぷ 로프	ロープ			

ワルツ わるつ 왈츠	ワルツ			

7

アパート あぱーと 아파트	アパート			アパート

アメリカ あめりか 미국	アメリカ			アメリカ

インタビュー いんたびゅー 인터뷰	インタビュー			インタビュー

カメラ かめら 카메라	カメラ			カメラ

カラオケ からおけ 노래방	カラオケ			カラオケ

ギター ぎたー 기타	ギター			ギター

コーヒー こーひー 커피	コーヒー			コーヒー

8

サービス さーびす 서비스	サービス			

スーツ すーつ 양복	スーツ			

スカート すかーと 스커트	スカート			

スニーカー すにーかー 스니커즈	スニーカー			

スポーツクラブ すぽーつくらぶ 스포츠클럽	スポーツ クラブ			

ズボン ずぼん 바지	ズボン			

セーター せーたー 스웨터	セーター			

9

タクシー たくしー 택시	タクシー			

デート でーと 데이트	デート			

デザイン でざいん 디자인	デザイン			

テスト てすと 시험	テスト			

デパート でぱーと 백화점	デパート			

テレビ てれび 텔레비전	テレビ			

ドア どあ 문	ドア			

일본어뱅크

NEW

다이스키 일본어 上

스피치 트레이닝 워크북

- **한자 연습** | 한자의 읽기와 뜻을 써 보며 한자와 친해지기
- **한일 스피치 연습** | 포인트 문법을 활용한 말하기 연습과 정답
- **Q&A 스피치 연습** | 더욱 자연스러운 일본어 말하기를 위한 응용 연습
- **가타카나 노트** | 활용도가 높은 가타카나 쓰기 연습